T0328881

THE CAMBRIDGE CONTACT READERS

General Editors: E. K. BENNETT, M.A. and G. F. TIMPSON, M.A.

Series II

SCHILLER

EIN LEBENSBILD

BY THE BARONESS SEYDEWITZ

WITH EIGHT ILLUSTRATIONS BY M. D. SWALES

CAMBRIDGE

AT THE UNIVERSITY PRESS

1937

CAMBRIDGE
UNIVERSITY PRESS

University Printing House, Cambridge CB2 8BS, United Kingdom

Cambridge University Press is part of the University of Cambridge.

It furthers the University's mission by disseminating knowledge in the pursuit of
education, learning and research at the highest international levels of excellence.

www.cambridge.org
Information on this title: www.cambridge.org/9781107494497

© Cambridge University Press 1937

First published 1937
Re-issued 2015

A catalogue record for this publication is available from the British Library

ISBN 978-1-107-49449-7 Paperback

INTRODUCTION

Schiller never left Germany, yet he was a great internationalist. He lived always under absolute monarchs, yet his works were one long plea for freedom. He turned constantly to foreign countries for his subjects, yet, of all her poets, he is the one dearest to the heart of Germany.

Few men have had to make their way against greater difficulties. Goethe was already famous when Schiller was still studying medicine at Stuttgart, in circumstances which compelled him to read and write by stealth; yet the runaway regimental doctor lived to be Goethe's greatest friend and the inspirer of his finest work.

The story of Schiller's life is here told us by an Anglo-German of old German nobility and European culture, whose books on English life are widely read in German schools. The Baroness Seydewitz is uniquely qualified, by her long experience as a teacher and writer, to interpret to English students the culture of Germany.

G. F. TIMPSON

WYCLIFFE COLLEGE,
8 *October* 1935

Den lieben Jenaer Freunden

unter denen ich

SCHILLER

lieben und verstehen lernte

Inhaltsverzeichnis

SWALES.

I. Kindheitstage
(1759–1773)

Freudig eilte im Mai 1760 der Feldscher und Leutnant Schiller aus dem Kriege heim. In Marbach in Württemberg erwartete ihn seine junge Frau mit der zweijährigen Christophine und dem kleinen Johann Christoph Friedrich, der am 10. November 1759 geboren war und den der Vater noch nicht gesehen hatte. Einfach und ärmlich war die Stube, die Frau Schiller mit den Kindern bewohnte. Aber das Glück wohnte darin. Der kleine Fritz war seiner Mutter ähnlich. Er hatte ihr rotblondes Haar, ihre breite, kluge Stirn, ihre blauen Augen, ihre bestimmten Züge und ihren freundlichen Ausdruck.

Der Vater war oft abwesend im Heeresdienst. Mehrmals zog seine Frau mit den Kindern in eine andere Garnison, um ihm nahe zu sein. Als ihr Söhnchen vier Jahre alt war, zog sie nach dem schöngelegenen Dorfe Lorch. Die zwei Kinder besuchten die Dorfschule. Aber es kam vor, daß sie an schönen Tagen schwänzten, um im Walde herumzustreifen. Schon damals liebte der Knabe die Natur und die Freiheit. Seine Mutter machte ihre Kinder auf gemeinsamen Spaziergängen auf alles in der Tierwelt und Pflanzenwelt aufmerksam. Zuhause las sie ihnen Bibelgeschichten und Gedichte vor. Die Geschichte wurde ihnen lebendig durch die historisch interessanten Schlösser und Kirchen in und bei Lorch.

Gern hörte der Kleine zu, wenn der Vater Hausan=
dachten hielt. Er merkte sich auch, was Pfarrer Moser, der
ihm Lateinstunden gab und den er sehr liebte, Sonntags in
der Kirche predigte. Fritz wollte selber einmal Pfarrer
werden, und seine Eltern hatten denselben Wunsch. Sie
freuten sich, wenn der Fünfjährige auf einen Stuhl stieg
und die Schwester bat, ihm ihre schwarze Schürze als Talar
umzubinden. Dann trug er sehr ernst Bibelsprüche vor und
versuchte, in der Art des Herrn Pfarrer eine Predigt zu
halten. Wenn aber Eltern und Schwester nicht ganz ruhig
zuhörten, wurde er böse, lief fort und versteckte sich.

Nur zwei Jahre dauerte dieses freie Landleben. Dann
wurde Hauptmann Schiller nach Ludwigsburg versetzt,
einer Residenzstadt seines Landesherrn, des Herzogs Karl
Eugen von Württemberg. Fritz kam aufs Gymnasium und
mußte fleißig Latein, Griechisch und Religion lernen. Von
seinem zehnten Jahre an bestand er eine schwere jährliche
Prüfung, um nach seiner Einsegnung kostenlos Theologie
studieren zu können. Denn seine Eltern waren sehr arm.
Der despotische Herzog verschwendete Unsummen für
seinen Hof und sein Vergnügen, aber seine Offiziere mußten
oft jahrelang auf ihr Gehalt warten. Frau Schiller und
Christophine spannen und nähten bis spät in die Nacht. Die
sparsame Frau mußte mit jedem Pfennig gut haushalten.
Ihr Sohn hat sie später mit liebender Hand im Lied von
der Glocke gezeichnet, als die fleißige Hausfrau, von der er
schrieb:... „und ruhet nimmer." Den Vater begegnen wir
als dem rechtschaffenen Miller in Kabale und Liebe.

Eine Vergünstigung hatten die Offiziersfamilien in Lud=
wigsburg, die für den heranwachsenden Fritz von der
größten Bedeutung war. Sie hatten freien Zutritt zum
herzoglichen Opernhause. Der Knabe merkte alles und
hörte aufmerksam zu, um später zuhause alles mit seiner
Schwester nachzuspielen. Sie schnitten Papierfiguren aus,
befestigten sie an Fäden und ließen sie auf einer aus
Büchern gebauten Bühne auftreten. Christophine bewegte
die Puppen, und Fritz trug die Worte vor. Aber bald
spielten die Geschwister selber mit ihren Kameraden Theater
und bauten sich eine Bühne im Schillerschen Garten. Fritz
schrieb sogar zu diesen Aufführungen selber Dramen, die
aber leider, wie auch seine ersten Gedichte, nicht mehr er=
halten sind.

Auch in der Schule war der lebhafte Knabe bei allen
Spielen der Führer. Er lernte so angestrengt, daß er sich in
seiner knappen Freizeit austoben mußte, am liebsten im
Freien. Hierin verstand ihn die Mutter besser, als der
strenge, pflichttreue und ehrgeizige Vater, der ihn dennoch
so innig liebte.

So vergingen glückliche Jahre für die kleine Familie.
Fritz wurde mit zwölf Jahren eingesegnet und sollte bald die
Schule verlassen und sein theologisches Studium beginnen.
Da verlangte Karl Eugen, daß Hauptmann Schiller ihm
seinen einzigen Sohn überlassen sollte, zur Weitererziehung
in der vom Herzog eben gegründeten Militärakademie für
begabte Offizierssöhne in dem nahen Lustschloß Solitüde.
Es war dies eine ganz neue Art Erziehungsanstalt, die

Gymnaſium, Kadettenanſtalt und Univerſität in ſich ver=
einigte. Da half kein Einwand, keine Bitte, kein Hinweis auf
die vorgeſehene theologiſche Laufbahn. Der Untertan
Schiller, der noch dazu in herzoglichen Dienſten ſtand,
mußte gehorchen. Arm und in abhängiger Stellung, mußte
er ſogar dankbar ſein, daß ſein Landesherr ihm die Sorge
für des Sohnes Unterhalt, Erziehung und ſpätere Anſtel=
lung im Staatsdienſt abnehmen wollte.

So wurde der dreizehnjährige Friedrich aus ſeiner
Familie geriſſen und trat Mitte Januar 1773 in die Mili=
tärakademie — ſpäter Karlsſchule genannt — ein, die er
erſt Mitte Dezember 1780 verlaſſen ſollte. Der fröhliche
Vogel war eingefangen und ging freudlos in ſeinen engen
Käfig!

II. In der Karlsſchule

(1773–1780)

Als Dionys von Syrakus
Aufhören muß,
Tyrann zu ſein,
Da ward er ein Schulmeiſterlein.

So verſpottete ein Zeitgenoſſe — Schubart — Karl Eugens
Erziehungsexperiment. Der Herzog war tatſächlich der
eigentliche Leiter der Karlsſchule. Er beſtimmte und über=
wachte alles, was die Offiziere und Unteroffiziere ausführ=
ten. Er ſtellte die Profeſſoren und Lehrer an, die Zivil=
perſonen waren und die nicht in der Akademie wohnten.

Er wollte jeden der drei bis vierhundert Zöglinge genau
kennen und ihnen ein wohlwollender, wenn auch despo=
tischer Vater sein. Seine „Söhne" hatten niemals Ferien
und nur in ganz seltenen Fällen Urlaub, obgleich sie an
Sonntagnachmittagen von ihren Angehörigen besucht wer=
den durften. Nur in Begleitung eines Offiziers wurde das
Verlassen der Anstalt erlaubt oder das Theater besucht.
Eine einzige Frau stand im Leben der Karlsschüler, die sie
von fern verehrten: Franziska, Gräfin Hohenheim, die
später Karl Eugens zweite Gemahlin wurde. Zu ihrem
und des Herzogs Geburtstage und bei der jährlichen Preis=
verteilung gab es ein Fest, mit Reden, Vorträgen von
selbstgedichteten Sachen, Theateraufführungen. Sonst ver=
lief ein Tag wie der andere in strenger Einförmigkeit.

Die Zöglinge mußten früh aufstehen, im Sommer um
fünf, im Winter um sechs Uhr. Nach einer guten warmen
Suppe hatten sie bis elf Uhr Unterricht. Dann mußten sie
sich zum Mittagessen umziehen. Das Haar wurde sorg=
fältig zurückgebürstet (bis auf ein paar Locken an den
Schläfen) und ein Zopf hinten angebunden. Schmuck
sahen die Burschen aus. Über einem weißen Hemd mit
Jabot und Ärmelkrausen trugen sie enge weiße Bein=
kleider und eine hellblaue Weste. Ihr blauer Uniformrock
hatte weiße Schnüren auf der rechten Schulter und silberne
Knöpfe auf den schwarzen Sammetaufschlägen. An den
Schuhen waren silberne Schnallen. Zur Seite hatte jeder
Zögling einen kleinen Degen.

Durch die weitgeöffnete Flügeltüre gingen sie paarweise

in den großen Saal, erst die abligen „Kavaliere," nach ihnen
die bürgerlichen „Eleven." An der Quertafel durfte der
sogenannte „Geistesadel" sitzen: Zöglinge, die sich besonders
auszeichneten, gleichviel, ob Kavaliere oder Eleven. Beim
Kommandorufe „Halt!" standen sie alle still. Auf das Wort
„Front!" wandten sie sich den Tischen zu. Auf den Befehl
„Zum Gebet!" falteten sie die Hände, während der
jüngste Schüler am Betpult das Tischgebet vorlas. Der
Herzog, der seine „Söhne" beim Mittagessen und Abend=
essen besuchte, rief nun: „Dinez, messieurs!" und sie
setzen sich, bis auf solche, die zur Strafe an einem Pulte
standen und warteten, daß ihr Landesherr zu ihnen kam.
Er las ihr Vergehen auf dem Anklagezettel, der aus ihrer
zugeknöpften Uniform hervorschaute, worauf er ihnen den
Kopf wusch und nötigenfalls ihre Strafe aussprach. Dann
küßte der schuldige Kavalier seine Hand, der schuldige Eleve
seinen Rockzipfel, und ging ebenfalls an seinen Platz. Der
Herzog schritt im Saale herum, überzeugte sich, daß das
Essen gut und reichlich sei, unterhielt sich mit diesem und
jenem. Einmal sah er, daß eine Anzahl Knaben ihre Suppe
unberührt ließen und erfuhr, daß sie eine Maus darin
gefunden hatten. Der Küchenmeister mußte kommen und
etwas anderes bringen, und als Strafe befahl ihm der
Herzog, den betreffenden Zöglingen auf seine eignen
Kosten zum Abendessen ein gebratenes Huhn zu geben.

Nach Tisch zog sich der Herzog zurück. Als die Karls=
schule 1775 nach Stuttgart, der Hauptstadt Württembergs,
in eine alte Kaserne dicht am Schlosse kam, wurde sie durch

einen gedeckten Gang mit demselben verbunden. So
konnte Tag und Nacht Karl Eugen in die Anstalt kommen.
Zwischen dem Mittagessen und dem Nachmittagsunterricht
von zwei bis sechs Uhr, hatten die Schüler etwas freie Zeit.
Sie konnten unter Aufsicht spazieren gehen, baden und
schwimmen, fechten und exerzieren, in kleinen befreun=
deten Gruppen plaudern. Aber auch hier herrschten die
Militärzucht und der äußere Schliff. Es gab kein freies,
fröhliches Austoben mit Schreien und Raufen für die
schmucken jungen Herren in Stulpenstiefeln und im Drei=
master mit Federbusch. Durch Mangel an Bewegung er=
litt mancher der Zöglinge dauernden Schaden an seiner
Gesundheit oder fand einen frühen Tod. Es wurde jedoch
für ungestörten Schlaf gesorgt. Um neun Uhr gingen die
Karlsschüler zu Bett, je fünfzig in einem Schlafsaal mit
einem Offizier und zwei Unteroffizieren. Aber auch hier
hatten sie keine Freiheit, denn die Betten waren von
Gittern umgeben, die nachts zugeschlossen wurden. Nur
in einem der kleinen Krankenzimmer konnte ein Karls=
schüler allein sein und sich etwas freier bewegen.

Trotz aller Aufsicht gelang es den Knaben, verbotene
Bücher einzuschmuggeln und ein heimliches Eigenleben zu
führen. Nach außen hin gehorsam und gesittet, lehnten
sich manche — unter ihnen Schiller — innerlich gegen den
verhaßten Zwang, die Tyrannei, die gelegentliche Unge=
rechtigkeit auf. Sie begeisterten sich für Freiheitsideale und
Dichtkunst. Ihre Beschäftigung mit der Philosophie in
den Unterrichtsstunden und ihr oft herzliches Verhältnis zu

den Lehrern hatten sie gelehrt, frei zu denken und sich klar
auszudrücken. Da ihnen jede Freiheit des Handelns ver-
boten war, lasen und dichteten sie heimlich, allen voran
Friedrich Schiller. Er hatte sich für das juristische Studium
entschieden, weil es zunächst nur diese einzige Fakultät
neben der rein militärischen Ausbildung gab. In Latein,
Griechisch und Französisch machte er gute Fortschritte.
Philosophie, Geschichte, Literatur liebte er; er begeisterte
sich für Shakespeare, Goethe und andere große Dichter. In
den Fächern, die ihn interessierten, war er ein fleißiger und
intelligenter Schüler. In den juristischen Stunden war er
völlig gleichgültig. Nach einer schlecht bestandenen Prüfung
fragte der Prüfende einen Mitschüler, ob Schillers Unwissenheit auf Faulheit oder auf Dummheit beruhe.

Dieser Mann war nicht der einzige, der den einst so
lebhaften und fröhlichen, jetzt still und verschlossen gewor-
denen Jungen mißverstand. Es gab mitunter einen Zusammenstoß mit einem Vorgesetzten, aber der kluge und
witzige Schiller gab mit einem sarkastischen Worte nach und
wurde nicht bestraft. Karl Eugen erwartete viel von ihm.
Er sagte einmal zu einem zu strengen Lehrer: „Laßt ihn
nur gewähren; aus dem wird etwas."

Der Herzog hatte bald entdeckt, daß Friedrich Schiller als
Festdichter gut zu gebrauchen war. Aber er war gar nicht
entzückt, als er merkte, daß der Eleve auch sonst sich mehr
mit Poesie, als mit Jura beschäftigte. Der Autokrat wußte
allerdings nicht, wie oft Schiller und seine nächsten Freunde
auf Spaziergängen im Walde sich von den Kameraden

trennten und der junge Dichter diesen begeisterten Zu=
hörern das vortrug oder vorlas, was er heimlich geschrieben
hatte. Er arbeitete schon an seinem ersten großen Theater=
stück, Die Räuber, angeregt durch eine Erzählung von
Christian Daniel Schubart, und mitunter wurden in einer
Zeitschrift Gedichte von ihm, gezeichnet Sch., veröffentlicht,
natürlich ohne Karl Eugens Wissen. Der Herzog ahnte
ebensowenig, wie oft sich Schiller krank meldete, um un=
gestört zu dichten, wenn sonst alles schlief. Bei einem seiner
nächtlichen Besuchen in der Karlsschule, hörte der Herzog
lautes Reden in der Krankenstube, ging schnell hinein und
sah den ungehorsamen „Sohn" bei der kleinen Öllampe
vorm Bette stehen, in der Hand eine flammende „Ode an
die Eroberer," die der Machthaber nahm, las und mit einer
scharfen Kritik zurückgab. „Es ist mir nicht darum zu tun,
daß ein Dichter aus meiner Akademie hervorgeht," be=
merkte er kalt. Aber es blieb bei der Rüge, denn Karl Eugen
mochte den jungen Schiller gut leiden. Er lebt der Nach=
welt in zwei Gestalten seines scharf beobachtenden „Soh=
nes": im Herzog in Kabale und Liebe und in Philipp II.
in Don Carlos. Die edle Gräfin Hohenheim erscheint in
Kabale und Liebe als die Lady Milford.

Als sich Karl Eugen entschloß, eine medizinische Fakultät
in der Karlsschule einzurichten, vertauschte Schiller die
Jurisprudenz für die Medizin und legte das Dichten etwas
beiseite, um eifrig zu studieren. Nicht, daß die Medizin ihn
besonders interessierte, aber er hoffte, eher damit etwas zu
erreichen, als mit der zu sehr vernachlässigten Jurisprudenz.

Es gelang ihm auch, im Dezember 1780 seine medizinische Schlußprüfung zu bestehen und die verhaßte Karlsschule zu verlassen.

Schillers letzter starker Eindruck als Karlsschüler war die Preisverteilung, bei welcher der Herzog Karl August von Weimar und der große Goethe als Ehrengäste zugegen waren. Wie schlug Schillers Herz, als er sich seinem Ideal so nahe sah und sogar in einem Goetheschen Stück vor dessen Dichter die Rolle des Helden spielte, leider sehr übertrieben und mit stark schwäbischer Aussprache. Er hoffte auf einen warmen Blick, ein Lächeln, ein paar freund= liche Worte — umsonst! Goethe beachtete kaum den lan= gen, ungeschickten Jüngling, nicht ahnend, daß dieser einst ebenbürtig neben ihm stehen und die Lorbeeren des deutschen Dichterfürsten teilen würde.

III. Ein Feuergeist

(1781–1782)

Endlich konnte der einundzwanzigjährige Schiller die Mili= tärakademie verlassen, und das Manuskript der Räuber war fertig. Der Herzog hatte ihn zum Regimentsarzt ernannt, mit 18 Gulden Monatsgehalt. Er trug jetzt eine steife, häßliche Uniform und teilte in Stuttgart ein Zimmer mit einem andern früheren Karlsschüler, einem Leutnant. Die beiden Kameraden mußten sehr sparsam leben. Zum Abendessen machten sie sich Kartoffelsalat, wozu sie ein

Stück geräucherte Wurst aßen. Nur bei einer Extraein=
nahme Schillers, der ungezeichnete Zeitungsbeiträge lie=
ferte, gab es Bier oder Wein. Es wurde aber immer
geraucht und geschnupft. Manch anderer fröhlicher Jüng=
ling — vielfach auch in der Karlsschule erzogen — fand
sich ein zum Kegel= oder Kartenspiel in der Wirtschaft, wo
Schiller billig zu Mittag aß, oder er kam abends in die
kleine Stube voll Kochdunst und Tabaksqualm, wo die
wenigen Kleider der beiden an der Wand hingen, in der
einen Ecke ein Haufen Kartoffeln lag, während in den
anderen Ecken Teller und anderes Geschirr, leere und volle
Bierflaschen, und was sonst diese unordentliche Junggesel=
lenwohnung überfüllte, durcheinander geworfen waren.

Gern ging Schiller, wenn es sein vorgesetzter General
erlaubte, mit seinen Freunden auf die Solitüde, wo sein
Vater, jetzt Major Schiller, alle die herzoglichen Gärten
und Baumschulen unter sich hatte. Dort wurden die jungen
Gäste freudig empfangen und aufs beste bewirtet. Neben
der älteren Schwester Christophine, hatte Friedrich jetzt
eine fünfzehnjährige Schwester Luise und eine dreijährige
Schwester Nanette, die den Bruder und seine Freunde —
und auch ihre Uniformen — sehr bewunderten. Die
Mutter und Christophine merkten aber bald, daß ihr Fritz
den Zwang und die Abhängigkeit seiner Stellung nur
schwer ertrug.

Wohl errang Schiller 1782 auf der Karlsschule noch den
Doktorgrad; wohl übte er seinen ärztlichen Beruf gewissen=
haft aus. Aber der Vogel, der dem verhaßten Käfig ent=

ronnen war, sehnte sich nach völliger Freiheit; der Dichter, der sich in seinen Räubern so mächtig gegen die Tyrannei auflehnte, würde nicht mehr lange einem tyrannischen Fürsten dienen können. Von Stuttgart aus besuchte er den Vater seiner zwei Karlsschulkameraden, den vielseitig begabten aber indiskret offnen Christian Daniel Schubart, den Karl Eugen wegen seiner revolutionären Reden und Schriften zehn Jahre lang gefangen hielt. Schiller mußte ein gleiches Schicksal befürchten, wenn einmal der Herzog von seiner Tätigkeit als Dichter und Freiheitsapostel etwas erfahren sollte.

Kein Verleger wollte Die Räuber herausgeben, denn das Stück war zu wild und ungezügelt, es glich zu sehr einem Vulkanausbruch. Da borgte Schiller 200 Gulden (mehr als sein ganzes Jahresgehalt!) und ließ im Mai 1781 das Stück anonym drucken. Er schickte es einem Buchhändler in Mannheim, sowie es gedruckt war, und dieser zeigte es dem Theaterintendanten Freiherr v. Dalberg, der den Dichter aufforderte, es für die Bühne umzuarbeiten.

Am 13. Januar 1782 war die Uraufführung in Mannheim. In einer Loge versteckt, konnte Schiller den ungeheuren Erfolg seines Stückes miterleben. Schon im Druck hatte es sehr großes Aufsehen erregt. Der unbekannte Dichter wurde vergöttert oder verabscheut. Seine Anhänger begrüßten ihn sogar als den deutschen Shakespeare! Seiner ersten heimlichen Reise nach Mannheim mit einem Freunde folgte Ende Mai eine zweite zu einer späteren

Räuber-Aufführung mit Frau Henriette v. Wolzogen, der Mutter von zwei seiner Karlsschulkameraden.

Diesmal hörte der Herzog davon. Er war wütend. Er gab seinem Regimentsarzt vierzehn Tage Arrest und verbot ihm sowohl den Verkehr mit dem Ausland, wie auch die Veröffentlichung von nicht-medizinischen Schriften. Vor allem sollte er sich nicht wieder unterstehen, Komödien zu schreiben. Schiller hörte schweigend und äußerlich gefügig zu. Er hatte aber auf der Wache an einem historischen Trauer-spiel — Die Verschwörung des Fiesco — gearbeitet und angefangen, ein bürgerliches Trauerspiel auszudenken, das später als Kabale und Liebe berühmt wurde. Auch waren kurz vorher seine lyrischen Gedichte in einer Antho-logie erschienen.

Nun stand wirklich der Arzt am Scheidewege. Er sah nur einen einzigen Ausweg: die Flucht. Sein in herzog-lichen Diensten stehender Vater durfte nicht wissen, daß der zweiundzwanzigjährige Sohn daran dachte, eine feste und sichere Anstellung aufzugeben. Seine Mutter und Christophine trauerten zwar um die bevorstehende Tren-nung und die unsichere Zukunft des hochbegabten Sohnes und Bruders, aber sie verstanden ihn. Ein um zwei Jahre jüngerer Freund, der Musiker Andreas Streicher, war bereit, seine verwitwete Mutter mit deren Einwilligung zu verlassen und den recht unpraktischen Schiller zu begleiten. Ein Kamerad aus der Karlsschule, ein junger Leutnant, der zu bestimmten Zeiten die Wache an einem der Stadttore nachts befehligte, versprach seine Hilfe. Fürstlicher Besuch

beim Herzog, während deſſen ein Feſt das andere jagte, ſchien ein guter Zeitpunkt, um unbemerkt zu entfliehen.

Am 22. September 1782 alſo, um zehn Uhr abends, ließ der fremdtuende aber in Wirklichkeit befreundete Leutnant Schiller in Zivilkleidung und ſeinen Gefährten in der gemieteten und mit ihren Koffern und Streichers Reiſeklavier beladenen Poſtchaiſe aus der Stadt fahren, nachdem ſie falſche Namen und einen unrichtigen Beſtim=mungsort angegeben hatten. Dicht bei dem hell erleuch=teten Schloß Solitüde konnte Schiller ſeinem Gefährten das Heim ſeiner Angehörigen genau zeigen. Dann aber, von ſeinen Gefühlen überwältigt, rief er ſchmerzlich aus:

„Meine Mutter!"

So fuhren Schiller und Streicher durch die Nacht der Grenze zu, die ſie um acht Uhr morgens überſchritten. Sie waren nun in der Kurpfalz und kamen noch am ſelben Tage nach Mannheim.

Der Vogel war flügge geworden und wollte um jeden Preis ſeine Freiheit haben!

IV. Flüchtling und Theaterdichter

(1782–1785)

Von Mannheim erwartete der Dichter nicht nur Freiheit, ſondern auch Ruhm, Glück und Reichtum. Dem fahnen=flüchtigen Militärarzt wurde aber nicht zugejubelt, wie kurz zuvor dem epochemachenden Dichter der Räuber.

Zwar empfingen ihn der Theaterregisseur und seine Frau mit großer Herzlichkeit, aber sie rieten ihm, seinem Herzog einen Entschuldigungsbrief zu schreiben und mit Streicher die Antwort an einem andern Orte heimlich abzuwarten. Unter angenommenen Namen wohnten die Freunde äußerst ärmlich in Dorfwirtshäusern, und Schiller versuchte, an seinen neuen Theaterstücken zu arbeiten, während Streicher ihm auf dem Spinett vorspielte.

Freiherr v. Dalberg war zu den Festlichkeiten nach Stuttgart gereist. Nach seiner Rückkehr wagte er es nicht, etwas für Schiller zu tun. Karl Eugen hatte dem Flüchtling nicht unfreundlich befohlen, sofort zurückzukehren. Ihm aber stand das Schicksal des unglücklichen Schubart zu deutlich vor Augen. Mittellos, von geborgtem Geld kümmerlich lebend, verlor er dennoch weder den Mut, noch die Hoffnung. Schließlich fand er eine Zuflucht in einem einfachen Gutshaus in Bauerbach bei Meiningen, das Frau v. Wolzogen gehörte und zurzeit nur von ihrem Verwalter bewohnt wurde. Streicher war nicht mit eingeladen. Traurig sah der treue Freund „Deutschlands edelsten Dichter, ein wahrhaft königliches Herz" allein, viel zu dünn gekleidet, an einem kalten Dezembertage die Post besteigen. Als Dr. Ritter zog Schiller in Bauerbach ein.

Es folgten stille Wochen und Monate in dem abseits gelegenen kleinen Dorfe. Der Naturfreund Schiller genoß das Landleben, verkehrte mit den schlichten Dorfbewohnern, streifte zu Fuß oder zu Esel in der Umgebung umher. Vor allem aber las und arbeitete er. Er machte eine Bühnen-

bearbeitung des Fiesco, um die ihn Dalberg nun gebeten hatte. Er vollendete Kabale und Liebe. Er machte ge=
schichtliche Studien für sein nächstes Theaterstück, den Don Carlos. Er fand einen Freund in dem zweiundzwanzig Jahre älteren Hermann Reinwald, der in Meiningen Bibliothekar war. Dieser kluge, erfahrene, belesene Mann lieh ihm Bücher und war ihm ein wertvoller Berater. Von Schiller schrieb damals Reinwald in sein Tagebuch: „Deutschland wird einst seinen Namen mit Stolz nennen." Zweimal kam Frau v. Wolzogen kurz nach Bauerbach mit ihrer jungen Tochter, die Schillers Vorbild wurde für seine Luise in Kabale und Liebe.

Es hatte sich inzwischen gezeigt, daß Karl Eugen nicht die Absicht hatte, den Fahnenflüchtigen zu verfolgen oder dessen Vater seinen Posten auf der Solitüde zu nehmen. Nun war Dalberg zugänglicher. Frau v. Wolzogen und Reinwald konnten Schiller raten, in die Theaterstadt Mannheim zu ziehen, wo er am 1. September 1783 auf ein Jahr als Theaterdichter angestellt wurde. Als solcher mußte er Dramen begutachten und für die Bühne ein= richten, auch selber innerhalb des Jahres drei Theaterstücke liefern: Fiesco, Kabale und Liebe, Don Carlos. Der gute Streicher war glücklich, wieder für den Freund sorgen zu können, der viel zu sehr in den Wolken schwebte, mit seinem Gehalte nicht auskam und wieder Schulden machte. Leider bekam Schiller eine in Mannheim bös auftretende Grippe. Er nahm ungeheure Mengen Chinin, was seiner Gesundheit dauernd schädigte. Er zwang sich immer wieder in seinem kranken Zustande zur Arbeit, aber sie gelang ihm nicht so recht.

Der widerwillig für Dalberg umgearbeitete Fiesco war fast ein Fiasco. Kabale und Liebe, in der er rücksichtslos die herzlosen Ränke eines zügellosen kleinen deutschen Hofes, wie das seines Herzogs Karl Eugen, an den Pranger stellte, hatte bei seiner Uraufführung in Mannheim am 15. April 1784 einen ähnlichen Erfolg, wie seinerzeit Die Räuber. Aber das versprochene dritte Stück, Don Carlos, wurde nicht fertig, und Schiller verlor seine Anstellung als Theaterdichter.

Er versuchte nun, eine Theaterzeitschrift herauszugeben, deren Ankündigung so beginnt: „Ich schreibe als Welt-bürger, der keinem Fürsten dient." Trotzdem war er seiner Freundin Frau v. Kalb, einer Verwandten von Frau v. Wolzogen, sehr dankbar für eine Einführung an einen benachbarten Hof, wo der kunstsinnige Karl August von Weimar zu Besuch war. Schiller, der von Frau v. Kalb gelernt hatte, gut vorzutragen, las den Fürstlichkeiten den ersten Akt seines noch unvollendeten Don Carlos vor. Darauf bekam er vom Herzog Karl August den Titel eines Weimarischen Rates.

Indessen wurde das äußere Leben immer schwerer. Es war nötig, das für die Herausgabe der Räuber geborgte Geld zurückzuzahlen. Woher es nehmen? Schiller wohnte mit Streicher bei einem einfachen Zimmermann, dessen Sohn er als Arzt von einer Krankheit geheilt hatte und der nun aus Dankbarkeit dem Dichter von seinen Erspar-

niſſen die 200 Gulden lieh. Auch ſonſt fand der unprak=
tiſche, idealgeſinnte Schiller, der ſo viele liebenswürdige
Eigenſchaften aber wenig Weltklugheit beſaß, immer wieder
tatkräftige Freunde, die ihm aus der Not halfen. In Frau
v. Kalb hatte er eine intelligente und temperamentvolle
Weltdame kennen gelernt. Von ihr lernte der noch immer
ſchüchterne und ungelenke Schiller die für den Verkehr bei
Hofe nötigen Umgangsformen, wie er ſie für ſeinen Don
Carlos und ſpäter ſelber brauchte. Es iſt viel von Frau v.
Kalb in den Geſtalten der Königin und der Prinzeſſin Eboli
im Don Carlos.

Aus Leipzig und Dresden bekam Schiller Briefe von
unbekannten Verehrern, die ihn aus ſeinen Dichtungen
liebten. Sie lernten ihn perſönlich kennen und wurden
bald ſeine Freunde. Der einflußreichſte unter ihnen,
Chriſtian Gottfried Körner, war in Dresden Konſiſtorialrat.
Als er ſah, welche Not ſein Freund in Mannheim litt,
überredete er einen Leipziger Buchhändler, Schillers Zeit=
ſchrift zu übernehmen und Schiller als Redakteur mit
feſtem Gehalt anzuſtellen. Die Mannheimer Schulden
wurden bezahlt, auch die an den guten Zimmermann, dem
Schiller vierzehn Jahre ſpäter ſeinerſeits mit Geldmitteln
zu helfen die Freude hatte. Körner bat Schiller, für ihn
ſorgen zu dürfen, bis er ſich als Dichter durchgeſetzt hätte.
Das einfach und herzlich gemachte Anerbieten wurde
ebenſo einfach und herzlich von Schiller angenommen.

So kam es, daß er an einem Apriltage des Jahres 1785
Mannheim verließ. Unter den Freunden, die ihn abfahren

sahen, war sein treuer Streicher. Stumm blickten sich die
beiden in die Augen; stumm drückten sie sich die Hände.
Sie sollten sich nicht wiedersehen.

Als Schiller in Leipzig ankam, war gerade Messe. Ihm
erschien die vielseitige Handel=, Universitäts=, Kunst=,
Musik= und Theaterstadt wie ein „Klein=Paris." Bald war
er im nahen Gohlis behaglich eingerichtet und konnte ohne
die Sorge um das tägliche Brot arbeiten.

Im August heiratete Körner. Am 11. September zog
Schiller in sein gastliches Haus. Ganz als Familienmitglied
betrachtet, verlebte er bei Körners ein paar ruhige, frucht=
bare Jahre, im Winter in Dresden, im Sommer in einem
Weinberghaus im benachbarten Loschwitz. Nichts zeigt
seine dankbare Freude über die Erlösung vom Elend der
Stuttgarter und Mannheimer Jahre schöner, als das in
Beethovens Neunter Symphonie weltberühmt gewordene
Lied an die Freude, welches er kurz nach seiner
Aufnahme bei Körners schrieb.

V. Aufstieg
(1785–1789)

Im Frieden einer glücklichen Häuslichkeit konnte Schiller
sich nun frei entfalten. Körners nahmen Rücksicht auf seine
stark erschütterte Gesundheit, seine Neigungen, seine Arbeit.
In Loschwitz richteten sie ihm ein Arbeitszimmer ein in
einem Sommerhaus an der Weinbergsmauer, in einiger

Entfernung vom Wohnhause, damit er ganz ungestört sei.
Er konnte nach Belieben kommen und gehen. Morgens
wanderte er gern allein, der Elbe entlang, mit seinen
Gedanken und seiner jeweiligen Arbeit beschäftigt. Nach=
mittags spannte er aus in geselligem Verkehr. Rauschende
Feste und laute, derbe Fröhlichkeit waren ihm zuwider;
aber er liebte eine gute Hausmusik, er beteiligte sich gern an
ernsten und fröhlichen Gesprächen, an harmlosen Scherzen
und einfachen Vergnügen. Unter Menschen, die ihn liebten
und verstanden, vergaß er seine Schüchternheit und war
natürlich, liebenswürdig und redselig. Wo er sich wohl
fühlte, fesselte er seine Umgebung durch den Schwung
seiner Gedanken und seine gut gewählten, oft geradezu
hinreißenden Worte. Nachts, wenn seine Hausgenossen
schliefen, erwachte in Schiller der Schöpfungsdrang. Zart=
besaitet und nervös wie er war, störte ihn jedes Geräusch
des Tages, aber in der nächtlichen Stille konnte er sich
sammeln. Dann wurden die Gestalten seiner Phantasie
lebendig und drängten nach Ausdruck. In diesen Jahren
gewöhnte sich Schiller die Nachtarbeit an, von der er nie
wieder loskam.

Nun wurde endlich, nach vierjähriger Arbeit, der Don
Carlos fertig. In Don Carlos zeigte Schiller den Konflikt
zwischen dem despotischen König Philipp II. von Spanien
und seinem idealgesinnten, freiheitsliebenden Sohne Carlos
und den Untergang des jungen Prinzen. Durch die nötigen
Vorstudien zu diesem schön und maßvoll gestalteten Trauer=
spiel war Schillers Interesse an der Geschichte rege ge=

worden. Er schrieb um diese Zeit: „Täglich wird mir die
Geschichte teurer" und „Ich wollte, daß ich zehn Jahre
hintereinander nichts als Geschichte studiert hätte." Neben
journalistischen Arbeiten, schrieb er bei Körners verschiedene
Prosaerzählungen. Vor allem aber arbeitete er an einem
reinen Geschichtswerk, der Geschichte des Abfalls der
Niederlande.

Im Jahre 1786 heiratete Christophine Schiller ihres
Bruders Freund, den Bibliothekar Reinwald, und kam
nach Meiningen. Schiller trat wieder in regen Briefwechsel
mit Frau v. Wolzogen und Frau v. Kalb. Letztere wohnte
nun in Weimar, wohin es Schiller mächtig zog, obgleich
Goethe in Italien und Karl August in Preußen war. Das
Städtchen an der Ilm war damals der geistige Mittelpunkt
Deutschlands: wohl verdiente Weimar den Namen „Ilm=
Athen". Schiller fühlte, daß er lange genug die Gast=
freundschaft seiner Freunde Körner genossen hatte und
reiste im Juli 1787 nach Weimar. Wieder nahm sich Frau v.
Kalb seiner an. Sie führte ihn ein bei der Herzogin=
Mutter Anna Amalie und dem Weimarischen Hof, obgleich
er als Bürgerlicher nicht hoffähig war, außer als Dichter
und auf besondere Einladung. Die Weimarer Dichter, die
ihn durch seine Werke und seine Briefe kannten, empfingen
ihn freundlich. Aber in Weimar herrschte Goethes Geist,
und Schiller fühlte sich dort fremd. Auch sehnte er sich nach
dem Familienleben in einer eignen Häuslichkeit.

Nach einem Besuche bei Reinwalds in Meiningen, machte
Schiller mit seinem Jugendfreunde Wilhelm v. Wolzogen

einen Ausflug nach Rudolstadt. Dort lernte er Wilhelms
Verwandte Frau v. Lengefeld und ihre zwei Töchter
kennen. Mit ihnen verband ihn bald eine warme Freund=
schaft. Den Sommer 1788 verbrachte er in und bei Rudol=
stadt, um sie täglich sehen zu können. Bei der verheirateten
Schwester machte er endlich die persönliche Bekanntschaft
des großen Goethe, der zehn Jahre älter war als Schiller
und den Geist des Sturmes und Dranges viel weiter hinter
sich hatte. Goethe ärgerte sich über den großen Einfluß
von Schillers Jugenddramen, den er für schädlich hielt. Er
konnte dem Jüngeren noch nicht gerecht werden. Schiller
schrieb über die Begegnung mit Goethe an Körner: „Ich
zweifle, ob wir einander sehr nahe rücken werden.... Die
Zeit wird das weitere lehren." Lengefelds waren sehr ent=
täuscht, daß die zwei großen, ihnen befreundeten Dichter
sich so fremd blieben. Es war inzwischen klar geworden,
daß Schiller in der jüngeren Schwester, Charlotte v. Lenge=
feld, die ideale Lebensgefährtin erblickte. Er durfte aber
nicht ans Heiraten denken, bis er eine einigermaßen ge=
sicherte Lebensstellung hatte.

Nach Weimar zurückgekehrt, fand Schiller, daß sein
eben veröffentlichtes Geschichtswerk über den Abfall der
Niederlande bei Goethe und anderen hochstehenden
Menschen große Anerkennung gefunden hatte. Um diese
Zeit wurde in der nahen Universität Jena die außerordent=
liche Professur für Geschichte frei. Sie wurde Schiller
angeboten, hauptsächlich durch den Einfluß der Herzogin=
Mutter und des Staatsministers Geheimrat v. Goethe. Der

bescheidene Schiller zweifelte, ob er als Geschichtsforscher
genügen würde. Goethe, dem Schiller schon viel sympath=
ischer geworden war, begegnete seinen Bedenken mit den
Worten: „Docendo discitur."

Zunächst bewilligte Karl August kein festes Gehalt.
Aber mit den Kollegiengeldern und seinen schriftlichen
Arbeiten durfte Schiller hoffen, fern vom Hofleben und bei
den einfachen Lebensverhältnissen in Jena, ein beschei=
denes Auskommen zu haben und bald die gut und sparsam
erzogene und doch geistig gebildete Charlotte v. Lengefeld
als Braut heimzuführen. Den Winter über wurde hin und
her verhandelt. Dann nahm Schiller die Professur an, und
am 11. Mai 1789 siedelte er über in die reizend an der Saale
gelegene kleine Universitätsstadt Jena.

VI. Der Jenaer Geschichtsprofessor
(1789–1794)

Zu seiner ersten Vorlesung am 26. Mai abends 6 Uhr hatte
Schiller einen Saal gemietet, der hundert Zuhörer fassen
konnte. Zu Hunderten aber strömten die Studenten herbei,
unter ihnen der junge Schwager eines Professors, in dessen
Haus ein Saal war, der vierhundert Hörer faßte. Dorthin
liefen die Studenten. Die Bürger Jenas fragten, was
passiert sei. Man antwortete ihnen: „Der neue Professor
wird lesen." Als Schiller hinkam, waren der große Hörsaal,
der Flur und die Treppe überfüllt. Seine erste Vorlesung

machte solches Aufsehen, daß man in der ganzen Stadt davon sprach und die Studenten nachts dem Dichter=Professor ein Ständchen brachten. Unter den Kollegen gab es viel Eifersucht, aber die bedeutendsten Professoren wurden bald seine Freunde.

Schiller lebte behaglich und billig in einer Drei=Zimmer=Wohnung bei zwei alten Damen, die gut für ihn sorgten. Er vertiefte sich in historische Studien und begann, an seinem zweiten bedeutenden, im September 1792 vollen=deten Geschichtswerke zu arbeiten: Die Geschichte des Dreißigjährigen Krieges. Die zwei Führergestalten des Gustav Adolf und des Wallenstein ergriffen mächtig seine Phantasie; er konnte sich aber nicht entschließen, welchen er zum Helden seines nächsten historischen Dramas wählen sollte.

Nun glaubte Schiller, um die anmutige, sonnig=ernste Charlotte v. Lengefeld anhalten zu dürfen. Der Herzog von Meiningen hatte ihn zum Hofrat ernannt. Der Herzog von Weimar gab ihm vom 1. Januar ab ein Jahresgehalt von 200 Talern. Lotte sollte eine Mitgift von 150 Talern jährlich bekommen. Bei seinen stark besuchten Vorlesungen, konnte er auf hohe Kollegiengelder rechnen. Seine alten Wirtinnen waren bereit, seine Junggesellenwohnung für eine junge Frau zu erweitern und das Wirtschaften weiter zu übernehmen. So wurde er am 22. Februar 1790 in der Dorfkirche zu Wenigenjena (seitdem Schillerkirche genannt) mit der dreiundzwanzigjährigen Charlotte getraut, die ihm eine treusorgende und verständnisvolle Lebensgefährtin

wurde. Mit ihr fand der schwächliche, tief empfindende
Dichter endlich das Glück im eignen Heime.

Mit neuer Kraft ging Schiller jetzt an die Arbeit. Er
arbeitete, lesend oder schreibend, vierzehn Stunden
täglich, hauptsächlich nachts. In Lottes dunklen Augen
lag oft die Sorge, ob ihr Fritz diese rastlose Tätigkeit
auf die Dauer aushalten würde. Er selber fühlte sich
restlos glücklich, bis auf die eine Sorge. „Wären wir nur
beide gesund!" seufzte er. So verging das erste Jahr ihrer
Ehe.

Da bekam Schiller, gleich nach Neujahr 1791, eine
schwere Lungenentzündung. Es kam wie ein Blitz aus
heiterm Himmel. Atemnot, Brustschmerzen, Herzkrämpfe
schienen die Vorboten eines nahen Todes zu sein. Karl
August schickte seinem Professor guten Wein und gab ihm
Erholungsurlaub. Sowie es ihm etwas besser ging, reiste
Schiller mit seiner Frau erst nach Rudolstadt, dann zur
Kur nach Karlsbad. Dort verkehrte er viel mit österrei=
chischen Offizieren, und die Gestalt des Wallenstein wurde
in ihm lebendig. Er zwang sich immer wieder zur Arbeit,
trotz seiner Schwäche, oft mit der Hilfe von Medikamenten,
Wein, oder starkem Kaffee. Karl August hatte ihm zwar,
neben seinem Gehalte, eine Geldsumme von 250 Talern
bewilligt, aber die Kollegiengelder blieben aus, da er keine
Vorlesungen halten konnte, und dieses Krankenjahr hatte
1400 Taler gekostet. Drückend lastete die Sorge auf dem
jungen Ehepaar.

Ehe jedoch dieses schwere Jahr zu Ende ging, geschah

ein Wunder. Wieder fand Schiller, wie seinerzeit Frau v.
Wolzogen und Körner, unverhofft Freunde in der Not.
Aus Dänemark kam ein zarter, taktvoller Brief, in dem ein
Fürst und sein Minister den verehrten Dichter baten, drei
Jahre hintereinander von ihnen ein Geschenk von 1000
Talern anzunehmen, um ruhig und sorgenfrei sich zu er=
holen und für die Menschheit weiter zu arbeiten. Schiller,
tiefgerührt, schrieb zurück: „Rein und edel, wie Sie geben,
glaube ich empfangen zu können." Die Einladung, nach
Dänemark zu kommen, entweder auf Besuch oder für
immer, lehnte er ab, aus Rücksicht auf seine Professur und
seinen Herzog.

In diesen drei sorgenfreien Jahren konnte Schiller alle
seine Schulden bezahlen, sich eingehend mit Philosophie
und Ästhetik beschäftigen und viele liebe Menschen wieder=
sehen. Trotz häufig wiederkehrender Krankheit, Schlaflosig=
keit und Schwäche, hielt er noch zeitweise seine Vorlesungen
in Jena. Er vollendete seine Geschichte des Dreißig=
jährigen Krieges. Überhaupt arbeitete er soviel es seine
Gesundheit nur erlaubte, denn er betrachtete diese Zeit
größerer Muße, wie er an Körner schrieb, nur als „eine
Gelegenheit, für die Ewigkeit zu arbeiten".

Im April 1792 besuchte er mit Lotte die treuen Körner.
Bei denen lag ein Kind in der Wiege, das einst als Dichter
berühmt werden sollte, als ein junger Schiller der Freiheits=
kriege. In jenem Jahre 1792 wurde Schiller von der
Französischen Republik wegen seiner Freiheitsideen zum
Ehrenbürger ernannt. Da aber das Schreiben nur die

Anſchrift Sieur Gille publiciſte allemand trug, erreichte es ihn erſt nach ſechs Jahren!

Im Herbſt 1792 kam Schillers Mutter mit der fünfzehn= jährigen Nanette zum Beſuch nach Jena. Es war ein freudiges Wiederſehen nach zehnjähriger Trennung. Bei Schiller weckte dieſer Beſuch die Sehnſucht nach der alten Heimat. Im Sommer 1793 gab ihm Karl Auguſt wieder längeren Urlaub, und ſein ehemaliger Herzog Karl Eugen von Württemberg erlaubte ihm, unbehelligt in Ludwigs= burg zu weilen, wo ein Sohn, der älteſte von Schillers vier Kindern, geboren wurde. Wilhelm v. Hoven, Schillers Freund vom Gymnaſium und von der Karlsſchule her, fand ihn ſehr zu ſeinem Vorteil verändert und „ein vollen= deter Mann". Der ehemalige Kavalier, der ſich für die heimlich entſtehenden Dichtungen ſeines großen Mitſchülers begeiſterte, war in Ludwigsburg ein ſehr angeſehener Arzt. Er ſah, mit welcher Dankbarkeit und Achtung Schiller um Karl Eugen trauerte, als dieſer im Oktober 1793 ſtarb. Der Dichter ſagte von ihm: „Er hatte große Fehler als Regent, größere als Menſch, aber die muß man mit dem Toten begraben." Nach Karl Eugens Tod konnte Schiller mit Frau und Kind nach Stuttgart überſiedeln. Er beſuchte auch die Karlsſchule und wurde mit der größten Begei= ſterung von den vierhundert Zöglingen empfangen. Kurz danach wurde die berühmte Erziehungsanſtalt, aus der ſo viele bedeutende Männer hervorgingen, für immer ge= ſchloſſen.

Es war ein reger Verkehr zwiſchen der Solitüde und den

jungen Schiller in Ludwigsburg und Stuttgart. Die
Monate vergingen rasch und glücklich. Für Nanette gab es
keinen größeren Dichter, als ihren bewunderten Bruder.
Sie trug seine Werke sehr schön vor und hoffte, bald auf der
Bühne in ihnen mitzuwirken, eine Hoffnung, die ihr früher
Tod zerstörte. In Stuttgart machte der Bildhauer Dan=
necker die schöne Büste von Schiller, welche seine Züge für
die Nachwelt erhalten hat. In der alten Heimat feierte
Schiller drei glückliche Familienfeste: die Taufe seines Söhn=
chens, den siebzigsten Geburtstag seines prächtigen, rüstigen
alten Vaters, seinen eignen vierunddreißigsten Geburtstag.
Schließlich mußte man sich trennen. Die jungen Schiller
reisten über Nürnberg nach Meiningen zu Reinwalds und
kehrten Mitte Mai, nach einer Abwesenheit von dreiviertel
Jahr, in ihr liebes Jena zurück.

Sie zogen gleich in eine eigne größere Wohnung am
Marktplatz. Der noch sehr leidende Schiller war nicht
imstande, seine Vorlesungen an der Universität zu halten.
Er hat sie überhaupt nie wieder halten können. Sonst aber
war er bereit, nach wie vor zu arbeiten und der Welt als
Dichter sein Bestes zu geben. Er war nun reif genug für
die große und schöne Freundschaft, einzig in ihrer Art, der
die deutsche Dichtkunst, das deutsche Volk, die ganze Welt
so viel verdankt — die Freundschaft mit Goethe.

VII. Eine schöne Dichterfreundschaft

(1794–1799)

Obwohl Goethe in Weimar, wo er ein großes eignes Haus bewohnte, eine sehr große Rolle spielte, kam er oft nach Jena und hatte dort viele Freunde. Im Juli 1794 traf er Schiller in einer Sitzung der Jenaer Naturforschenden Gesellschaft, der sie beide angehörten. Sie gingen zu gleicher Zeit fort und kamen so eifrig ins Gespräch, daß sie zusammen über den Marktplatz gingen und Goethe zum ersten Male mit Schiller auf sein Arbeitszimmer ging. Lotte, die er schon als Kind gekannt und geliebt hatte, begrüßte ihn freudig. Zum ersten Male konnte Schiller frei und natürlich mit dem verehrten Manne reden; zum ersten Male empfand Goethe den ganzen Zauber von Schillers Persönlichkeit. Ehe sie sich trennten, hatte Goethe einen Beitrag zu einer neuen literarischen Zeitschrift versprochen, die Schiller herausgeben sollte. Die zwei Großen hatten sich endlich gefunden und freuten sich auf weitere Begegnungen. Beide fühlten sich, trotz aller Verschiedenheit, im Streben einig. Goethe sagte von dieser neuen Freundschaft: „Für mich war es ein neuer Frühling." Schiller schrieb darüber an Körner: „Ein jeder konnte dem andern etwas geben, was ihm fehlte, und dafür etwas empfangen."

Nun sahen sie sich oft, bald in Jena, bald in Weimar. Waren sie getrennt, so schrieben sie sich schöne, intime

Briefe; neunhundertneunundneunzig sind der Nachwelt er=
halten. Von ihrer Vergangenheit mußten sie sich erzählen,
von ihrem Werdegang, von ihren Werken, aber auch von
den kleinen persönlichen Dingen des täglichen Lebens. Der
erfahrene Goethe erkannte bald, wie krank sein Freund
war. Er riet ihm, verständiger zu leben, weniger starken
Kaffee zu trinken, die Nachtarbeit einzuschränken. Schiller
aber, abgesehen von seinem Schöpfungsdrange, wollte
genug verdienen, um seine Familie vor Not zu schützen,
obgleich er nie zu sparen verstand. Seit der schweren
Krankheit vom Jahre 1792 lebte er immer mehr oder
weniger im Schatten des Todes. Als Arzt wußte er, daß
jede Wiederkehr der Krankheit das Ende sein könnte, daß
er nicht alt werden würde. Trotzdem hoffte er, fünfzig
Jahre alt zu werden. Es wurde ihm verschiedentlich ange=
boten, unter guten Bedingungen nach einem anderen Teile
Deutschlands zu kommen. Sogar das preußische Königs=
paar wollte ihn in Berlin haben. Goethe bestimmte aber
jedes Mal seinen Freund Karl August, Schillers Gehalt zu
erhöhen, sodaß der kranke Dichter mit gutem Gewissen in
Sachsen=Weimar bleiben konnte.

Das Jahr 1796 brachte neue Freude und neues Leid.
Körners kamen zu Besuch nach Jena. Schillers zweiter
Sohn wurde im Juli geboren und bekam als Paten den
dänischen Grafen Schimmelmann und den großen Goethe.
Auf der Solitüde erkrankten Major Schiller und seine
beiden Töchter, an einer Art Typhus. Wilhelm v. Hoven
tat, was er nur konnte, ebenfalls ein Pfarrer Franckh.

Christophine Reinwald reiste auf des Bruders Kosten hin, um der Mutter bei der schweren Pflege zu helfen. Luise erholte sich. Aber der dreiundsiebzigjährige Vater und die frische achtzehnjährige Nanette starben. Auf dem Totenbett dankte Major Schiller Gott, daß Er ihm einen solchen Sohn gegeben hatte. Schiller schrieb liebevoll an die verwittwete Mutter: „Es ist hinfort meine Sache, daß keine Sorge Sie mehr drückt. Der Abend Ihres Lebens muß heiter oder doch ruhig sein." Er hat auch treu für sie gesorgt während ihrer letzten sechs Lebensjahre, obgleich diese neue Ver= pflichtung ihn nur noch mehr zur Arbeit drängte. Es wurde leichter für ihn, als Luise den Pfarrer Franckh heiratete und das Ehepaar die Wittwe zu sich nahm.

Im folgenden Jahre — 1797 — bekam Schillers Freund und Schwager Wilhelm v. Wolzogen (er hatte Lottes einzige Schwester Karoline geheiratet) eine Anstellung am Hofe zu Weimar. Der Verkehr zwischen Schillers und Wolzogens und Goethe war ein sehr reger. Schiller dachte daran, selber nach Weimar zu ziehen. Er war aber immer noch Professor an der Universität Jena. Außerdem liebte er die kleine Stadt im schönen Saaltale und das freie, gemütliche Leben dort. Auf Goethes Rat kaufte er für 1200 Taler als Sommerwohnung ein kleines Haus mit Garten an einem Nebenfluß der Saale. In einer ein= samen Ecke des Gartens ließ er sich ein winziges Häuschen bauen, unten mit Badeeinrichtung, im ersten Stock als Arbeitszimmer eingerichtet. Dicht dabei, im Schatten einer Ulme, standen ein runder Steintisch und eine weißgestri=

chene Holzbank, wo er oft mit Goethe und anderen Freun=
den an schönen Nachmittagen saß, plaudernd, vorlesend,
seine Pläne und Arbeiten besprechend.

Goethe erkannte dankbar an, daß Schiller ihm eine neue
Jugend gegeben und ihn — den ernsten, vielseitigen
Minister und Theaterdirektor — wieder zum Dichter ge=
macht hatte. Aber auch Schiller wurde durch Goethe von
der Philosophie und der Geschichte zur Dichtung zurück=
geführt. Gleichzeitig erstand bei beiden Dichtern eine Reihe
geradezu vollkommener Balladen. Außerdem griffen sie
gemeinsam die Gegner der neuen Zeitschrift an, Gegner,
die Schiller in einem Briefe an Körner „trivial" und
„eselhaft" nannte und die Goethe als Philister verspottete.
Diese Mitarbeit der zwei Großen erhielt die Form von
Spottversen und erschien 1796 in einem Jahrbuch unter
dem Titel Xenien, einem Worte, das sich beim römischen
Dichter Marzial findet und Gastgeschenke bedeutet. Haufen=
weise kamen Erwiderungen, denen das Dichterpaar mit
verächtlichem Schweigen begegnete. Die scharfen, witzigen
Spottverse hatten ungeheures Aufsehen erregt.

Schiller schrieb in seinem Jenaer Gartenhause zwei seiner
berühmtesten Werke: Das Lied von der Glocke und die
gewaltige Wallenstein=Trilogie. In Deutschland gibt es
kein bekannteres Gedicht, als Das Lied von der Glocke;
man zitiert daraus wie aus der Bibel und dem Hamlet. In
ihm zieht beim Glockenguß das ganze menschliche Leben in
Bildern vorbei. Der Wallenstein=Stoff war viel zu groß
für ein einziges Theaterstück; auf Goethes Rat verteilte ihn

Schiller auf drei zusammenhängende Einzeldramen, das lebendigen Vorspiel Wallensteins Lager und die zwei spannenden Trauerspiele Die Piccolomini und Wallensteins Tod. Acht Jahre lang hatte er am Wallenstein gearbeitet.

Schiller mußte zu den Proben und Uraufführungen viel in Weimar sein. Für die Dramen, die er noch zu schreiben hoffte, wünschte er eine nähere Berührung mit Goethe und mit dem Theater. Karl August sprach den Wunsch aus, Schiller oft und auf längere Zeit in Weimar zu haben, befreite ihn von allen akademischen Verpflichtungen und erhöhte sein Jahresgehalt auf 400 Taler. So entschloß sich Schiller, den Winter in Weimar, den Sommer in seinem Jenaer Gartenhause zu verleben. Goethe fand eine Wohnung für ihn in Weimar, in der Nähe des Goethe=hauses, des Theaters, des Schlosses und des Parkes. Sowie sich Charlotte von einem bösen Nervenfieber erholt hatte — am 3. Dezember 1799 — siedelte Schiller nach Weimar über. Ein Schiller=Biograph schreibt hierüber: „Als ein Suchender hatte vor zehn Jahren Schiller die Residenz=stadt betreten, als ein Gesuchter sah er sich jetzt in ihr."

VIII. Schiller in Weimar
(1799–1804)

In Weimar entstanden in rascher Reihenfolge die letzten großen Dramen Schillers. Das in Jena begonnene ergrei=fende Trauerspiel Maria Stuart, in dem nur die zwei

letzten Lebenstage der unglücklichen Schottenkönigin be=
handelt werden, vollendete Schiller im Jahre 1800 auf
einem Lustschloß, welches Karl August dem Dichter und
seinem Diener geliehen hatte. Schon 1801 war das roman=
tische Trauerspiel Die Jungfrau von Orleans fertig,
das erst neuerdings durch Shaws geschichtlich richtigere und
modernere Die Heilige Johanna überholt worden ist.
Schillers Stück zeigt das Tragische einer übergroßen Sen=
dung für eine einfache, trotz ihrer Tapferkeit weiche Frauen=
natur. Überall, wo das Stück aufgeführt wurde, war
große Begeisterung. Schiller reiste zu Körners zu einer
Dresdner Aufführung. Als er das Theater verließ, sah er
eine Menschenmenge mit entblößten Köpfen, die ihn wie
einen Fürsten ehrten. Kinder wurden emporgehoben, um
die hohe, von der Krankheit gebeugte Gestalt mit dem
blassen Gesichte zu sehen. Er aber klagte über ein Gefühl
der Leere und sehnte sich nach einer neuen Arbeit. Wie
schon in den Räubern, behandelte er jetzt wieder den Stoff
der feindlichen Brüder; aber in seinem 1803 vollendeten
Trauerspiel Die Braut von Messina führt die Feind=
schaft zum Brudermorde. Die Schicksalstragödie ist fast antik
in ihrer schlichten, strengen Form. Zur Uraufführung in
Weimar kamen zweiunddreißig Wagen aus Jena, vollge=
packt mit Studenten, die dem Dichter so stürmisch Beifall
spendeten, daß sie von der Polizei verklagt wurden und der
Minister Goethe Mühe hatte, die Sache beizulegen.

Seit 1801 wirkte Schiller mit Goethe zusammen als
Theaterdirektor in Weimar, eine große gemeinsame Auf=

gabe, die glänzende Erfolge hatte. Im Jahre 1802 ver=
kaufte Schiller sein Gartenhaus in Jena und kaufte für
4200 Taler (die er sich zum Teil borgen mußte) das jetzige
Schillerhaus in Weimar. Am Tage des Einzuges starb seine
Mutter bei Luise Franck und ihrem Manne in Württem=
berg. Kurz vorher war dem Dichter, auf Karl Augusts
Gesuch, vom deutschen Kaiser der erbliche Adel verliehen
worden. Erst jetzt war er wirklich hoffähig. Außer für seine
Frau und Kinder, war ihm die Ehrung ziemlich gleich=
gültig. Mehr freute es ihn, vom König von Schweden, als
er Karl August 1803 besuchte, einen Diamantring zu be=
kommen, zum Dank für seine gerechte Schilderung der
Schweden in der Wallenstein=Trilogie.

Schillers letztes Theaterstück, Wilhelm Tell (das ein=
zige, das einen glücklichen Ausgang hat) ist das Hohelied der
Freiheit und ist das Nationaldrama der Schweiz geworden.
Goethe, der selber an eine Telldichtung gedacht hatte,
überließ seinem Freunde den Stoff, lieh ihm Bücher und
Karten der Schweiz und war immer bereit, ihm von jenem
Lande zu erzählen. Für Schiller, der nie über Deutschlands
Grenzen gekommen ist, die Schweiz also nicht kannte, war
dieser Stoff „wie zwischen hohen Bergen eine Durchsicht in
freie Fernen". Es ist erstaunlich, wie lebendig Schiller die
Schweizer Landschaft und das schlichte Volk von Hirten,
Fischern und Jägern gestaltet hat. Aber auch an sein eignes
deutsches Volk dachte er, wenn er das Freiwerden der
Schweizer in so herrlichen Worten schilderte, wie „Wir
wollen sein ein einig Volk von Brüdern." Dieses sein letztes

großes Werk ist in viele fremde Sprachen übersetzt und hat
seinen Ruhm in alle Welt verbreitet.

Schiller ging sofort wieder an die Arbeit. Der Erbprinz
von Weimar hatte eine Braut aus dem russischen Kaiser=
hause gewählt, und Schiller sollte die Festdichtung zum
Empfang des fürstlichen Paares schreiben. So entstand
1804 das in vier Tagen geschriebene lyrische Spiel Die
Huldigung der Künste. Die Arbeit hieran unterbrach
kaum die ernstere Arbeit an einem Trauerspiel aus der
russischen Geschichte, Demetrius, von dem Schiller nur
den ausführlichen Entwurf, den ersten Akt und einige
Bruchstücke hat schreiben können.

Trotz großer Arbeitsfülle, zunehmender Krankheit,
Todesfälle im Freundeskreise, Krankheit in seiner Familie,
ständiger Sorge um die Zukunft der Seinen, waren es
glückliche Jahre für Schiller. Obgleich er Jenas ländliche
Umgebung vermißte, konnte er einsam und ungestört im
schönen Park zu Weimar spazieren gehen. Oft war er so
in seine Gedanken vertieft, daß er den Gruß eines Bekann=
ten fast übersah. Dann riß er rasch den Hut vom Kopfe
mit einem herzlichen: „Guten Tag! Guten Tag!" In der
freien Natur arbeitete er manches aus, denn er mußte alles
im Kopfe fertig haben, ehe er etwas zu Papier brachte. So
kam es vor, daß dieses oder jenes als fertig galt, noch ehe
er mit der Niederschrift begonnen hatte.

In seinem Weimarer Hause hatte Schiller den zweiten
Stock — die Mansarden — für sich eingerichtet. Neben dem
Empfangszimmer war sein Arbeitszimmer, ein heller

dreifenstriger Raum mit Aussicht ins Grüne. Von diesem
führte eine Tapetentür (die Tapete war kleingemustert und
giftgrün) in die winzige Hinterkammer, wo er schlief. In
Tagen schwerer Krankheit ließ er sein Bett ins Arbeits=
zimmer bringen, wo ein gut heizender Kachelofen stand.
Zwischen den beiden Vorderfenstern war ein großer Wand=
schrank. In diesem war immer Wein, den er bei Schwäche=
anfällen nötig hatte. Hinter den Türen des unteren
Teiles waren stets faule Äpfel, deren Geruch ihm zur
Arbeit ebenso nötig war, wie starker Kaffee, Rauchen und
Schnupfen. In diesem Arbeitszimmer saß er die Nächte
hindurch am Schreibtisch, hustend, keuchend, Unsterbliches
schaffend, bis er in den frühen Morgenstunden erschöpft
zu Bett ging, wo er bis Mittag liegen blieb.

Frau Lotte sorgte dafür, daß ihr Mann nicht gestört
wurde, wenn er arbeitete oder Ruhe hielt. Aber nachmit=
tags, wenn es ihm einigermaßen gut ging, brachte sie die
drei Kinder — zwei Knaben und ein Mädchen — herauf,
und der Vater tollte mit ihnen nach Herzenslust. Als Löwe
kroch er brüllend auf allen Vieren herum und ließ sich von
den kleinen Jägern verfolgen. Er stellte sich steif aufrecht
und ließ ein Kind nach dem andern an ihm heraufklettern.
Er erzählte ihnen die schönsten Märchen und Geschichten.
Er las ihnen leichte Gedichte vor. Er schrieb Gratulations=
gedichte für sie, wenn sie in Weimar oder Jena eine
Geburtstagsfeier mitmachen sollten. Er hörte beglückt zu,
wenn seine Lotte mit ihnen sang oder sie zu ihrer Musik
herumhüpfen ließ.

In Gesellschaft war Schiller ganz anders, als im engen Familienkreise. Der würdige Herr Hofrat v. Schiller und seine adlige Gattin sollten standesgemäß leben! Nach einem Verzeichnis aus dem Jahre 1804, hatte Schiller zu der Zeit 37 Hemden, 15 Paar Kniehosen, 20 Westen, 10 Röcke, 47 Taschentücher, — und alles andere dementsprechend. Seine Frau war schon als Charlotte v. Lengefeld viel bei Hof gewesen, und er, der frühere Karlsschüler, der Freund Goethes, der bei Hof Gerngesehener, wußte, wie ein Kavalier sich kleiden sollte. Karl Eugen von Württemberg hätte sich jetzt seines berühmten „Sohnes" nicht zu schämen brauchen! Der alte Autokrat hatte mit seiner Voraussage Recht behalten: „Aus dem wird etwas."

IX. Das Ende

(1805)

Als der junge Goethe die Sage vom Nebelgeiste des Saaltales in einer herrlichen Ballade behandelte, ahnte er nicht, daß ihm diese Saaltalnebel einst den besten Freund rauben würden. Im Sommer 1804, kurz vor der Geburt seines jüngsten Töchterchens, fuhr Schiller abends von einem Lustschloß Karl Augusts durch die Saaltalnebel nach Jena zurück und wurde schwerkrank. Es war der Anfang vom Ende. Als er wieder anfing, mitunter auszugehen und wie immer zu arbeiten, fiel seiner Schwägerin Karoline v. Wolzogen seine graue Gesichtsfarbe auf, ebenfalls

sein fast überirdischer Ausdruck und sein mildes Wesen. Sie
schrieb von dieser Zeit: „Es war ein wahrer Gottesfrieden
in ihm."

Anfang 1805 waren beide Dichterfürsten krank. Erst Anfang
März konnte Schiller den kurzen Weg zu Goethe gehen.
Sie umarmten sich schweigend, denn jeder hatte gefürchtet,
den andern zu verlieren. Am 29. April kam Goethe zum
letzten Besuch. Gleich danach ging Schiller mit Karoline v.
Wolzogen, deren Mann nach Leipzig gereist war, ins
Theater. Er sagte ihr, daß die seit Jahren so schmerzhafte
linke Seite ihm nicht mehr wehtue. Im Theater bekam er
Schüttelfrost und Fieber. Nach der Vorstellung brachte man
ihn heim — zum letzten Male!

Zwischen Erschöpfung und Fieber, Bewußtlosigkeit und
Fieberwahn gingen die Tage hin. Lotte und Karoline
verließen den Kranken kaum. Sie hofften, daß er sich
wieder, wie schon so oft, einigermaßen erholen würde.
Der Arzt tat, was er nur konnte. Die Kinder kamen
ans Bett, aber sie regten den kranken Vater zu sehr auf,
denn er fühlte, daß er sie bald verlassen sollte.

Am Abend des 8. Mai fragte man ihn, wie es ihm gehe.
„Immer besser, immer heitrer" war seine Antwort. Er
bat um das Zurückziehen des Fenstervorhangs und schaute
lange schweigend nach der sinkenden Sonne. In der Nacht
sprach er viel von seinem Demetrius. Er betete, daß er
kein langes Hinsterben haben müsse. Gegen Morgen kamen
Atemlosigkeit und Bewußtlosigkeit. Lotte kniete bei ihm,
Karoline und der Arzt standen am Fußende des Bettes.

Gegen sechs Uhr morgens zuckte es über sein Gesicht. Dann
fiel sein Kopf zurück. Vollkommene Ruhe lag auf seinen
Zügen: er war sanft und schmerzlos entschlafen.

Das Licht des neuen Tages fiel auf Schillers Schreib=
tisch. Dort lag seine letzte Arbeit, eine Stelle aus dem
Demetrius. Auf dem Blatte las man die Worte

> „O warum bin ich hier geengt, gebunden,
> Allein mit dem unendlichen Gefühl?"

Nun war er frei und alles Leiden war vorüber. Wie schwer
er hatte körperlich leiden müssen, zeigte die Autopsie: der
ganze linke Lungenflügel war zerstört.

Daß trotzdem der Dichter bis zuletzt gearbeitet hatte, war
ein hervorragender Sieg des Geistes über den Körper.
Sein Werk zeigt nichts von seinem langsamen Dahin=
siechen, denn es ist besonders frisch und lebensprühend und
hat bis heute seinen Zauber behalten. Der Deutsche ist
zwar stolz darauf, daß die schlichten Eichensärge seiner
Dichterfürsten Schiller und Goethe neben dem roten Sam=
metsarge des Herzogs Karl August in der Fürstengruft zu
Weimar stehen. Er fühlt aber, daß diese zwei Dichter=
fürsten im deutschen Volke weiterleben, eine treibende
Kraft und ein unveräußerlicher Besitz. Man hat mit Recht
behauptet, daß der Deutsche Goethe als den größten seiner
Dichter verehrt, aber Schiller liebt. Die Jugend besonders
findet in Schiller das Beste, das sie selber anstrebt, ein
unverrückbares Ideal.

X. Zeittafel

1759. Johann Christoph Friedrich Schiller in Marbach geboren am 10. November.

1764. Lorch.

1766. Ludwigsburg.

1773. Karlsschule (Solitüde).

1775. Karlsschule (Stuttgart).

1781. Schiller als Regimentsarzt in Stuttgart.
Die Räuber gedruckt.

1782. Uraufführung der Räuber in Mannheim am 13. Januar.
Schiller errang den Doktorgrad auf der Karlsschule.
Flucht von Stuttgart mit Streicher am 22. September.
Bauerbach.

1783. 1. September Anstellung als Theaterdichter in Mannheim.
Die Verschwörung des Fiesco.
Kabale und Liebe.

1784. Begegnung mit Karl August, Herzog von Weimar.
Ratstitel.

1785. Übersiedlung nach Leipzig und Dresden.

1787. Don Carlos.
Weimar.

1788. Weimar. Rudolstadt.
Begegnung mit Goethe.
Geschichte des Abfalls der Niederlande.

1789. Übersiedlung nach Jena.

Geschichtsprofessor.

1790. Heirat mit Charlotte v. Lengefeld.

1791. Anfang der Lungenkrankheit.

Geschenk vom Herzog von Holstein-Augustenburg und Graf Schimmelmann.

1792. Ehrenbürger der Französischen Republik.

Geschichte des Dreißigjährigen Krieges.

1793. Reise nach Württemberg.

Tod des Herzogs Karl Eugen.

1794. Freundschaft mit Goethe.

1796. Die Xenien.

Tod von Schillers Vater und Schwester.

1797. Balladen.

1799. Das Lied von der Glocke.

Wallenstein.

Übersiedlung nach Weimar.

1800. Maria Stuart.

1801. Die Jungfrau von Orleans.

Mit Goethe Theaterdirektor.

1802. Schiller geadelt.

Tod von Schillers Mutter.

1803. Die Braut von Messina.

1804. Wilhelm Tell.

Die Huldigung der Künste.

1805. Demetrius-Fragment.

Schiller in Weimar gestorben am 9. Mai.

NOTES

Page 8, l. 2. Schiller introduced *Pfarrer Moser* into his first play, *Die Räuber*.

Pages 11, 20, 33. *Christian Daniel Schubart* (1739–1791) was one of the revolutionary poets of the period known as the *Sturm und Drang* (from about 1770 to 1785) which also included the young Goethe and the young Schiller. It was inevitable that Schubart should clash with the despotic Karl Eugen, who kept him a prisoner while continuing to educate his sons at the Karlsschule. Schubart's powerful but unbalanced mind was weakened by his ten years of captivity, which also shattered his health. He did not long survive his release.

Pages 12, 48, 49. *Festdichtungen*. Even to-day, in Germany, special plays and poems are written for private and public occasions. At their best, these *Festdichtungen* remind us of the old English Masques and of such poems as Spenser's *Prothalamion*, Milton's *Comus*, Tennyson's *Welcome to Alexandra*, Masefield's poem for the opening of the new Memorial Theatre at Stratford-on-Avon.

Page 13, l. 10. "Dinez, messieurs." French taste reigned supreme among the nobility of eighteenth-century Germany, and even Frederick the Great preferred French to German.

Page 21. *Der Arzt am Scheidewege* is the German title for Bernard Shaw's *The Doctor's Dilemma*.

Pages 26, 36, 33. *Rat; Hofrat; Geheimrat*. These titles conferred by German princes, royalties, and universities were purely courtesy titles with no additional income attached to them.

Page 28, l. 16. A *Konsistorialrat* is a clergyman attached to the *Konsistorium*, an ecclesiastical court corresponding more or less to the English Court of Arches and the Scottish Kirk Session or Court Session.

Page 29, l. 1. *Andreas Streicher* (1761–1833) afterwards went to Vienna, married there, and became a successful music teacher and pianoforte manufacturer. Shortly before his death he published a book about Schiller's early life up to his leaving Mannheim and called it *Schillers Flucht von Stuttgart und Aufenthalt in Mannheim*.

Page 29, l. 23. A *Sommerhaus* is either an arbour in a garden for use in hot weather, or else (as here) a cottage or tiny house built in a garden or vineyard.

Pages 32, 45. *Weimar* was the capital of Karl August's Duchy of Saxe Weimar Eisenach, and remained so until the German Revolution of 1918.

Page 33, l. 25. *Ausserordentliche Professur.* This is an appointment with the title of Professor but not the salary of a regular (ordentlicher) professor. At the present day the *Ausserordentlicher Professor* receives a small salary, but it is much smaller than that of the *Ordentlicher Professor.*

Page 34, l. 4. Docendo discitur = we learn by teaching.

Page 38, l. 4. The Prince was *Frederick Christian* Duke of Holstein Augustenburg; his friend and minister was Count *Schimmelmann.*

Page 38, l. 15. Among the friends Schiller now met again was Baron *Dalberg*, who had befriended him in Mannheim.

Page 38, l. 25. *Freiheitskriege.* The German *War of Liberation* was a short, enthusiastic rising of the Germans against the oppressive rule of Napoleon I after his victory at Jena (1806). Among those who fell in this short and glorious war was the young poet and playwright *Theodore Körner*, whose war lyrics were published after his death by his father under the title of *Leier und Schwert.* Some of them are still sung as folk songs.

Page 44, l. 13. *Philister* is the name given by the university set to those outside their ranks, or is more generally used in a teasing or contemptuous way (like the English distinction between "Town" and "Gown" or "highbrow" and "lowbrow"). It originated at Jena in 1624, at the funeral of a student killed in a brawl with the townsfolk, when the officiating clergyman preached a sermon on Judges XVI in which he likened the dead student to Samson and the townsfolk of Jena to the Philistines.

Page 44, l. 20. The *Xenien* of Goethe and Schiller created a sensation similar to that produced by Byron's attack on his critics in his *English Bards and Scotch Reviewers.*

Page 52, l. 7. Some biographers say that Goethe last saw Schille on May 1st and not on April 29th.

EXERCISES

1. Describe in German:

  (1) Schiller's childhood.

  (2) Die Karlsschule.

  (3) Schiller's work as Professor of History.

2. Give an account in German of the early meetings of Goethe and Schiller and of the friendship which enriched both their lives.

3. What part was played in Schiller's life-story by

  (1) Andreas Streicher;

  (2) Frau von Wolzogen;

  (3) Christian Gottfried Körner;

  (4) Der Herzog Karl August?

Answer in German.

4. Make lists of the words and phrases on each page which are new to you, and practise using these in sentences of your own.

5. From a collection of Schiller's poems or the Oxford Book of German Verse learn by heart a number of poems. The following are indicated as suitable:

  (1) Passages from *Das Lied von der Glocke*, especially Schiller's tribute to his mother and the fire scene.

  (2) An die Freude.

  (3) Reiterslied.

  (4) Die Teilung der Erde.

  (5) Der Handschuh.

  (6) Poesie.

Wörterverzeichnis

Abendessen *n.* supper
abfahren *s.* drive off
Abfall *m.* revolt, defection, secession
abgesehen von apart from
abhängig dependent
Abhängigkeit *f.* dependence; subordination
ablehnen *w.* refuse
abnehmen *s.* take off; relieve; ihm die Sorge — relieve him of the responsibility
abseits gelegen secluded
abwarten *w.* await
abwesend absent
Abwesenheit *f.* absence
Achtung *f.* respect
Adel *m.* nobility, aristocracy; erblicher — hereditary nobility (like English baronet); Geistesadel nobility of the mind; persönlicher — personal nobility (like English knight)
adlig of noble birth, aristocratic
ahnen *w.* foresee, dream
ähnlich like, similar
akademisch academic, university (*adj.*)
allerdings indeed, to be sure
anbieten *s.* offer; ask
Anerkennung *f.* appreciation
angeben *s.* give, state
angehören *w.* belong to
Angehörige (*pl.*) family, relatives

angesehen of high standing
angestrengt strenuous
angewöhnen (*refl.*) get accustomed, get into a habit
angreifen attack
anhalten *s.* — um ask for the hand of
Anhänger *m.* adherent
Anklage *f.* accusation, indictment; -zettel *m.* slip of paper with written indictment
ankommen *s.* arrive
Ankündigung *f.* announcement
anmutig graceful, winsome
annehmen *s.* accept; (sie) nahm sich seiner an (she) took him under her wing
anonym anonymous
anregen stimulate, inspire
Anschrift *f.* address
Anstalt *f.* institution
anstellen *w.* appoint
Anstellung *f.* appointment
anstreben *w.* aspire to
Anthologie *f.* anthology
antik antique, classical
Anzahl *f.* number
Arbeitszimmer *n.* study
ärgern *w.* vex, anger
ärgern *w.* (*refl.*) be vexed or angry
Armelkrause *f.* sleeve ruffle
ärmlich poor, poverty stricken
Art *f.* kind, type; einzig in ihrer — unique of its kind
Arzt *m.* doctor

ärztlich medical

Ästhetik f. aesthetics

Atemlosigkeit f. shortness of breath, suffocation

Atemnot f. suffocation, difficulty in breathing

Athen n. Athens

auffallen s. strike

auffordern w. invite, ask

aufführen w. perform

Aufführung f. performance

Aufgabe f. task, mission

auflehnen w. (refl.) rebel

aufmerksam attentive; — machen auf draw attention to

Aufnahme f. reception

aufrecht upright

aufregen w. excite

Aufsehen n. sensation

Aufsicht f. supervision, control

aufstehen s. get up, rise

Aufstieg m. upward climb, rising fortunes

auftreten s. (of illness) occur, break out; bös — occur in a very virulent form

August (name) Augustus

Ausbildung f. training

ausbleiben s. not come (in), be lacking

ausdrücken w. express

Ausflug m. trip, excursion

ausführlich detailed

aushalten s. stand

auskommen s. manage

Auskommen n. competence

Ausland n. foreign countries

ausrufen s. cry

außen: nach — hin outwardly, to all appearance

äußerlich outwardly

außerordentlich extraordinary; –e Professur see Notes

äußerst extremely

Aussicht f. view, prospect

ausspannen w. relax, take a rest

Aussprache f. pronunciation

austoben w. (refl.) romp

ausüben w. practise

Ausweg m. way out

auszeichnen w. distinguish

Autokrat autocrat

Autopsie f. post-mortem examination

Bad n. bath

Badeeinrichtung f. bathing requisites

bald...bald sometimes... sometimes

Ballade f. ballad

bauen w. build

Baumschule f. tree nursery

beachten w. notice, take notice of

Bedenken n. scruple(s), objection

bedeuten w. mean

bedeutend important, distinguished

befestigen w. fasten

befreien w. free, release, exonerate

befreundet on friendly terms, good friends; befreundete Gruppe group of friends or chums

befürchten w. fear

begabt gifted, talented

Begegnung f. meeting

begeistern w. inspire

begeistern (refl.) be inspired

Begeisterung *f.* enthusiasm, inspiration

begleiten *w.* accompany

Begleitung *f.* company, accompaniment

beglücken *w.* make happy

beglückt full of joy, very happy

begraben *s.* bury

begrüßen *w.* greet, hail

begutachten *w.* judge, criticise

behaglich comfortable, cosy

behalten *s.*: recht — be right

behandeln *w.* treat, deal with

beide both; die beiden the two

Beifall *m.* applause, ovation

beilegen *w.* enclose, confer on

Beinkleider *n.* (*pl.*) breeches, trousers

beiseite aside

Beitrag *m.* contribution

bekannt well known

Bekannter, Bekannte (*var.*) acquaintance

Bekanntschaft *f.* acquaintance

beladen laden, packed

belesen well-read

Belieben: nach — at discretion, as he would

bemerken *w.* observe, remark

benachbart neighbouring

beobachten *w.* observe; scharf — observe closely

Berater *m.* adviser, counsellor

Berg *m.* mountain

beruhen auf *w.* due to

berühmt famous

Berührung: nahe — close contact

beschäftigen *w.* occupy

Beschäftigung *f.* occupation

bescheiden modest

besonder special

besprechen *s.* discuss

bestehen *s.* pass (an examination)

besteigen *s.* mount, get into

bestimmen *w.* determine, induce

bestimmt appointed, fixed

Bestimmungsort *m.* destination

Besuch *m.* visit

besuchen *w.* visit, attend, stay with; fürstlicher Besuch visit of princes *or* royalties; zu Besuch on a visit

Betpult *n.* lectern, prayer-desk

betrachten *w.* consider, look upon

betreffend in question

betreten *s.* enter

bevorstehend impending

Bewegung *f.* movement, exercise, emotion

bewilligen *w.* grant, allow

bewirten *w.* entertain, regale

bewohnen *w.* live in, inhabit

bewundern *w.* admire

Bewußtlosigkeit *f.* unconsciousness

bezahlen *w.* pay

Bibel *f.* Bible

Bibelspruch *m.* text

Bibliothekar *m.* librarian

Bier *n.* beer

Bild *n.* picture, image

Bildhauer *m.* sculptor

billig cheap

bis auf except

blaß pale

Blatt *n.* leaf; sheet of paper

bleiben *s.* remain; es bleibt bei matters stop at; es bleibt dabei the matter ends there

Blick *m.* look

Blitz m. lightning; — aus heiterem Himmel bolt from the blue

borgen w. borrow

bös, böse (of an illness) dangerous, virulent

braten s. roast

Braut f. bride; als — heimführen lead to the altar, marry

Briefwechsel m. correspondence

Bruchstück n. fragment

Brudermord m. fratricide

brüllen w. roar

Brustschmerzen m. (pl.) pain in the chest

Buchhändler m. bookseller

Bühne f. stage

Bühnenbearbeitung f. stage version

Bürger m. citizen

bürgerlich middle class, not of noble birth; bürgerliches Trauerspiel tragedy of middle-class life

Bursche m. boy

bürsten w. brush

Büste f. bust

Chinin n. quinine

Christoph (name) Christopher

Dahinsiechen: langsames — lingering disease and death

Dame f. lady

dänisch Danish

darin therein, in it

Dauer: auf die — in the long run, permanently

dauernd lasting, permanent

decken w. cover

Degen m. sword, dagger

dementsprechend corresponding, to match

deutlich clear(ly); — vor Augen stehen stand as a clear warning

deutsch German

Deutscher, Deutsche (var.) German

Deutschland n. Germany

derb rough, coarse

despotisch despotic, tyrannical

Diamant m. diamond

dichten w. write poetry, drama, or fiction

Dichterfreundschaft f. poets' friendship

Dichterfürst m. prince of poets

Dichterpaar n. two poets

Dichtkunst f. poetry, the art of poetry

Dichtungen f. (pl.) poetical works

Diensten: in…Diensten in… service

dieser und jener one or other, some of them

Doktorgrad m. doctor's degree

Dorfbewohner m. villager

Dorfkirche f. village church

dringen s. impel, urge, drive

dreifenstrig with three windows

Dreimaster m. cocked hat

Dummheit f. stupidity

durcheinander werfen s. throw about in confusion

durchsetzen w. (refl.) assert oneself; be successful

Durchsicht f. glimpse

ebenbürtig as an equal

ebenfalls likewise

ebensowenig just as little

Ehe f. marriage, married life

ehemalig former

Ehepaar n. married couple

ehren w. honour

Ehrenbürger m. honorary citizen

Ehrengast m. guest of honour

ehrgeizig ambitious

Eichensarg m. oak coffin

Eifersucht f. jealousy

eifrig keen, eager, assiduous; — ins Gespräch kommen become absorbed in conversation

Eigenleben n. a life of one's own

Eigenschaft f. quality

eigentlich real

Eindruck m. impression

einfangen s. capture

einfinden s. (refl.) turn up, put in an appearance

Einfluß m. influence

einflußreich influential

einförmig uniform, monotonous

Einförmigkeit f. uniformity, monotony

einführen w. introduce, present

Einführung f. introduction

eingehend in detail, exhaustively

einig at one, united

einigermaßen more or less

einladen s. invite

Einladung f. invitation

einrichten w. install, institute, arrange, organise, settle

einsam lonely, secluded

einschränken w. limit, restrict

einsegnen w. confirm

Einsegnung f. confirmation

eintreten s. enter

Einwand m. excuse, objection

Einwilligung f. consent

Einzeldrama n. individual play

einziehen s. enter; move, take up one's abode

einzig in ihrer Art unique of its kind

Einzug m. move

Elend n. misery

Eleve m. pupil

Empfang m. reception

empfangen s. receive

Empfangszimmer n. reception room

empfinden s. feel; tief — be sensitive, with deep feelings

emporheben s. lift up

entblößt bare

entdecken w. discover

entfalten w. (refl.) develop, blossom out

Entfernung f. distance

entfliehen s. flee, escape

entlang alongside, by

entrinnen s. escape

entschlafen s. pass away, die peacefully

entschließen s. (refl.) make up one's mind, resolve

Entschuldigungsbrief m. letter of apology

entstehen s. arise, grow

enttäuscht disappointed

Entwurf m. draft, sketch

entzücken w. delight

epochemachend epoch-making

erblicken w. see, perceive

Erbprinz m. hereditary prince

erfahren s. experience, hear, learn

Erfolg m. success, result

ergreifen s. seize, take hold of

erhalten s. receive, preserve

erhöhen w. raise

erholen w. (refl.) recuperate, recover

Erholungsurlaub m. prolonged sick leave

erkranken w. fall ill

erlauben w. allow, permit

erleuchten w. light up, illuminate

Erlösung f. deliverance

ernennen s. appoint, confer a title

Eroberer m. conqueror

erregen w. excite, cause

erreichen w. attain

erringen s. obtain, win

erschöpfen w. exhaust

Erschöpfung f. exhaustion

erschüttern w. shake, shatter

Ersparnisse f. (pl.) savings

erstaunlich astonishing, astounding

erstehen s. come into being

ertragen s. bear, endure

erweitern w. enlarge

Erwiderung f. reply, retort, retaliation

erzählen w. tell

Erzählung f. tale

erziehen s. bring up, educate

Erziehung f. education

Erziehungsanstalt f. educational institution

eselhaft asinine

Essen n. food; zu Mittag essen dine

Eugen (name) m. Eugene

Ewigkeit f. eternity

exerzieren w. drill

Extraeinnahme f. additional earnings

Fach n. branch, subject

Faden m. (pl. Fäden) thread, string

fahnenflüchtig deserting

Fahnenflüchtiger m. deserter

Fakultät f. faculty (of a University)

Familienmitglied n. member of the family

fassen w. grasp, hold, contain

Faulheit f. idleness

fechten s. fence

Federbusch m. plume

fehlen w. miss, lack, want

feiern w. celebrate

Feind m. foe, enemy

feindlich hostile

Feindschaft f. hostility, enmity

Feldscher m. army surgeon

Fenstervorhang m. window curtain

fenstrig: drei– with three windows

Ferien (pl.) holidays

fern distant; von — from afar

fesseln w. charm, captivate

fest firm, permanent, fixed

Fest n. festival, festivity, party, feast

Festdichter m. school poet laureate

Festdichtung f. Festival poem

Feuergeist m. fiery spirit, firebrand

Fieber n. fever, high temperature

Fieberwahn m. delirium

Figur f. figure

Fischer m. fisher

flammen w. flame

Flucht f. flight

Flüchtling m. fugitive

Flügeltür f. folding-door

flügge fledged; war — geworden had found its wings

Flur m. landing

Fortschritt m. (pl. Fortschritte) progress

französisch French

Frauennatur f. woman's nature

Freiheitsapostel m. apostle of liberty

Freiheitsideal n. ideal of freedom

Freiheitskriege m. (pl.) War of Liberation

Freiherr m. baron

Freiwerden n. liberation, struggle for freedom

Freizeit f. leisure; knappe — scanty leisure

fremd strange, foreign; a stranger

fremdtuend pretending to be a stranger

freudig joyful

freudlos joyless, sad

Freunde: seine nächsten — his best friends

Freundeskreis m. circle of friends

freundlich friendly, kind, cordial, pleasant

Freundschaft f. friendship

Friedrich (name) m. Frederick

frisch fresh, bright, youthful, vivid

Fröhlichkeit f. merriment

Front! face round!

fruchtbar fruitful

früher former

Führer m. leader

Fülle f. abundance

fünfjährig five years old

Fünfjährige (var.) five-year-old

Fürstengruft f. Princes' Vault

Fußende des Bettes foot of the bed

Garnison f. garrison

Gastfreundschaft f. hospitality

Gastgeschenke n. (pl.) presents exchanged between host and guests

gastlich, gastfreundlich hospitable

Gebet n. prayer; Tisch- n. grace

gebeugt bowed, stooping

gebildet educated, cultured

gebrauchen w. make use of

gebunden tied down

Geburtstag m. birthday

geengt confined

Gefährte m., Gefährtin f. companion, comrade

gefangen captive, a prisoner

gefügig submissive

Gefühl n. feelings, emotions

Gegner m. opponent, enemy

Gehalt n. salary; Jahres- yearly salary; Monats- monthly salary

Geist m. mind, spirit

Geistesadel m. intellectual aristocracy

geistig intellectual, spiritual

gekleidet clad

Geld, Geldmittel n. money

gelegen situated

gelegentlich occasionally, on occasion

gelten s. pass for, be thought to be

Gemahl m. husband

Gemahlin f. wife

gemeinsam common, joint, together, mutual

gemütlich cosy, unconventional

genießen s. enjoy

geradezu absolutely

geräuchert smoked

Geräusch n. noise

gerecht just, fair; — werden judge fairly

gerngesehen welcome

Geschichtsforscher m. historical research worker

Geschichtswerk n. historical work

Geschirr n. crockery, cooking utensils

Gesellschaft f. society, company

gesichert assured

Gesichtsfarbe f. complexion

gesittet well-mannered

Gespräch n. talk, conversation

Gestalt f. form, figure, creation

gestalten w. form, make

Gesuch n. request

gesund healthy, well

Gesundheit f. health

gewähren w. last, continue; jemanden — lassen to allow someone to continue uninterrupted

gewaltig powerful, stupendous

Gewissen n. conscience; mit gutem — with a clear conscience

gewissenhaft conscientious

giftgrün bright green (from arsenic dye)

Gitter n. railing; wire netting

glänzend brilliant

gleich (adj.) similar, like, same

gleich (adv.) at once

gleichen s. resemble, be like

gleichgültig indifferent

gleichviel no matter

gleichzeitig at the same time, simultaneously

Glocke f. bell

Glockenguß m. casting a bell

Gottesfrieden m. peace of God

Gottfried (name) m. Godfrey

Graf m. Count

Gräfin f. Countess

Gratulationsgedichte congratulatory poems

Grenze f. boundary, frontier

griechisch Greek

Grippe f. influenza

gründen w. found

Gruß m. greeting

grüßen w. greet, hail

Gulden m. guilder, florin

Gut n. estate

Gutshaus n. manor-house

Gymnasium n. grammar school, college

Handel m. trade, commerce; **Handelsstadt** f. commercial town

handeln w. act, take action

Handeln n. action

harmlos harmless

häßlich ugly

Haufen m. heap

haufenweise in heaps, in great numbers, profusely

häufig frequent

Hauptmann m. captain (in the army)

Hauptstadt f. capital

hauptsächlich especially, mainly

Hausandacht *f.* family prayers
Hausfrau *f.* housewife
Hausgenosse *m.* other inmate of a house
Haushalt *m.* household
haushalten *s.* keep house; manage, be saving
Häuslichkeit *f.* home, family life
Hausmusik *f.* music in the home
Heer *n.* army
Heeresdienst *m.* military service
heilen *w.* heal
heilig holy, saintly; Saint, St
Heim *n.*, **Heimat** *f.* home
Heiraten *n.* marrying, marriage
heiter bright, cheerful; clear (of the sky)
Hemd *n.* shirt
heranwachsen *s.* grow up
herausgeben *s.* bring out, publish
herbeiströmen *w.* to pour in (of crowds of people)
herrlich magnificent
herrschen *w.* rule, reign
herumhüpfen see hüpfen
herumstreifen *w.* roam
hervorgehen *s.* issue, go forth
hervorragend outstanding
hervorschauen *w.* look out, peep out
Herzenslust *f.* heart's content
Herzkrampf *m.* heart attack, spasm
herzlich hearty, cordial
Herzlichkeit *f.* heartiness, cordiality
Herzog *m.* duke
herzoglich ducal
Himmel *m.* sky, heaven

hinfort henceforth, in future
hingehen *s.* pass by, drag on
hinreißen *s.* carry away, enrapture
hinreißend eloquent, holding spellbound
Hinsterben: langes — *n.* lingering death
hintereinander consecutively
Hinterkammer *f.* back room
Hirt *m.* herdsman, cowherd, shepherd
historisch historical
hoch high, tall
hochbegabt highly gifted
hochstehend above the average, outstanding
hoffähig having the right to appear at Court
Hofleben *n.* court life
Hohelied *n.* Song of Songs; pæan
Holzbank *f.* wooden bench *or* seat; weißgestrichene — wooden garden-seat painted white
Hörer *m.* listener; (*pl.*) audience
Huhn *n.* fowl
Huldigung *f.* homage
Hunderte *n.* (*pl.*) hundreds
hüpfen *w.* hop; herum- hop about, dance like a child, skip
husten *w.* cough

idealgesinnt idealistic, having high ideals
imstande able
indessen meanwhile
indiskret indiscreet
innerlich inwardly

innig tender
intim intimate
inzwischen in the meantime

Jabot ruffled shirt front
jagen w. hunt; ein Fest das
　andere jagte one festival fol-
　lowed fast on another
Jäger m. hunter
Jahrbuch n. annual
jahrelang for years
Jahresgehalt n. yearly salary
je at a time
Jenaer (adj.) of Jena
jetzig present
jeweilig of the moment
Johann, Johannes (name) m.
　John
Johanna (name) f. Joan
journalistisch journalistic
Jugenddrama n. juvenile play
Junggesellenwohnung f. bache-
　lor quarters
Jüngling m. youth
Jura n. (pl.) law (from Lat. jus,
　jura)
Jurisprudenz f. jurisprudence
juristisch legal; juristisches
　Studium n. study of law

Kabale und Liebe f. Plot
　and Passion
Kachelofen m. tiled stove
Kadettenanstalt f. military col-
　lege
Käfig m. cage
Kaiser m. emperor
Kaiserhaus n. Imperial family
Kamerad m. comrade, school-
　fellow
Karl (name) m. Charles
Karte f. card, map

Kartenspiel n. game of cards
Kartoffel f. potato
Kartoffelsalat m. potato salad
Kaserne f. barracks
Kegel m. (pl.) ninepins, bowls
kennen know; — lernen get to
　know, become acquainted
　with; genau — know really
　well
keuchen pant, gasp for breath
Kindheit f. childhood
Klavier n. piano; Reise– n.
　small square travelling piano
　with folding legs
kleiden w. (refl.) dress
Kleiner, Kleine (var.) child
kleingemustert with a small
　pattern
klettern w. climb
Kniehosen f. (pl.) knee breeches
knien w. kneel
Kochdunst m. steam and smell of
　cooking
Koffer m. trunk
Kollege m. colleague
Kollegiengelder n. (pl.) students'
　fees
Kommandoruf m. word of
　command
Komödie f. comedy (used con-
　temptuously on p. 21)
königlich royal, regal
Königspaar n. king and queen
Konsistorialrat m. see Notes
Kopf: den — waschen repri-
　mand sharply; mit entblöß-
　ten Köpfen bareheaded
Körper m. body
körperlich bodily, physical
Kosten (pl.) cost, expense;
　auf (jemandes) — at the cost
　of (someone)

kostenlos free of charge, gratis
Kraft f.: treibende — motive power, living force
Krankenjahr n. year of illness
Krankheit f. illness
Krankenzimmer n. sick room, sick bay
Krause f. ruffle
kriechen crawl
Kritik f. criticism, critique
Küchenmeister m. chef
Kunst f. art
kunstsinnig art-loving
Kur f. treatment at a spa
Kurpfalz f. Palatinate
küssen w. kiss

Lächeln n. smile
Landesherr m. sovereign, prince
Landleben n. country life
ländlich rustic, country
Landschaft f. landscape, countryside
lassen s. leave, let, have
lasten w. weigh, lie heavy
Latein m. Latin; –stunde f. Latin lesson
Laufbahn f. career
laufen s. run
Leben n. life; Eigen– individual life, life of one's own
lebendig living, vivid, alive
Lebensbild n. biographical sketch
lebensprühend sparkling, full of life
Lebenstag m. day of life
Lebensverhältnisse n. (pl.) conditions of life
Lebensjahr n. year of life
lebhaft lively, highspirited
Leere f. emptiness

lesen s. read; give a lecture
Leid, Leiden n. sorrow, suffering
leiden suffer; — mögen like
leidend suffering, ill
Leier f. lyre
leihen s. lend
Leiter m. leader, head
Leutnant m. lieutenant
liebenswürdig lovable, amiable
liebevoll loving, affectionate
Lied n. song
liefern w. supply, turn out
Literatur f. literature
literarisch literary
Locke f. curl
Lorbeer n. laurel
loskommen get free
Löwe m. lion
Lungenentzündung f. inflammation of the lungs, pneumonia
Lungenflügel: der ganze linke — war zerstört the whole of the left lung was gone
Lustschloß n. country seat, small castle
lyrisch lyric

Machthaber m. one in power, potentate, dictator
mächtig mighty, powerful, strong
Mann: ein vollendeter — every inch a man
Mansarde f. attic
Manuskript n. manuscript
Marktplatz m. market square
Marzial (name) m. Martial
maßvoll moderate, free from exaggeration

Medizin *f.* medicine
medizinisch medical
mehrmals more than once, frequently
melden *w.* report
Mensch *m.* man; human being
Menschen (*pl.*) people; -menge *f.* crowd of people
Menschheit *f.* humanity
menschlich human
merken *w.* notice, observe
merken *w.* (*refl.*) note, remember
Messe *f.* fair
mieten *w.* hire, rent
mild mild, gentle; mildes Wesen *n.* gentleness
Militärakademie *f.* military academy
Militärzucht *f.* military discipline
mißverstehen *s.* misunderstand
Mitarbeit *f.* collaboration
miterleben *w.* take part in, witness
Mitgift *f.* dowry
mitmachen *w.* take part in, attend, go to
Mittagessen *n.* midday dinner
mittellos without means, penniless
Mitschüler *m.* schoolfellow
mitunter now and then, occasionally
Monatsgehalt *n.* monthly salary
Musiker *m.* musician
Muße *f.* leisure

nachgeben *s.* yield, give in
Nachtarbeit *f.* work at night

nächtlich nocturnal
nachts at night, during the night
Nachwelt *f.* posterity
nahe near, nearby, neighbouring; approaching
nähen *w.* sew
Natur: *f.* nature; -forschende Gesellschaft *f.* Natural Science Society
Naturfreund *m.* nature lover
natürlich (*adv.*) naturally, of course
Nebel *m.* mist, fog
Nebelgeist *m.* mist-spirit, Spirit of the Mists
neben beside, besides
Nebenfluß *m.* tributary
nehmen *s.* zu sich — make a home for, take to live with one
Neigung *f.* inclination
nennen *s.* name, mention
Nervenfieber *n.* typhoid *or* brain fever (*in eighteenth-century diction*)
nervös nervous, nervy
neuerdings recently
Niederlande *n.* (*pl.*) Netherlands
niederschreiben *s.* write down
Niederschrift *f.* writing down, first copy, written copy
nimmer never
Not *f.* need, trouble, want; Freunde in der — friends in need; — leiden be very poor, suffer want
nötigenfalls if necessary
nur only; was er — konnte all that he could
Nürnberg Nuremberg

offen open, frank
Offizier *m.* officer
öffnen *w.* open; **weitgeöffnet** wide open
Oper *f.*, **Opernhaus** *n.* opera; opera-house
österreichisch Austrian

paarweise in pairs, in couples, two and two
Papier: zu — **bringen** write down
Pate *m.* or *f.* godfather, godmother
persönlich personal
Persönlichkeit *f.* personality
Pfarrer *m.* pastor, clergyman
Pfennig *m.* (a German "pfennig" is worth half a farthing)
Pflanzenwelt *f.* vegetable kingdom, flora
Pflege *f.* care, nursing
Pflicht *f.* duty
pflichttreu devoted to duty, conscientious
Phantasie *f.* imagination
Philister *m.* Philistine; pedantic old fossil
Platz *m.* place, seat
plaudern *w.* chat
Poesie *f.* poetry
Polizei *f.* police
Post *f.* post; postchaise
prächtig fine
Pranger *m.* pillory; an den — **stellen** put in the pillory, expose
predigen *w.* preach
Predigt *f.* sermon
Preis *m.* prize; price, cost; um jeden — at any cost, at all costs

Preisverteilung *f.* prizegiving
preußisch Prussian
Probe *f.* rehearsal
Professur *f.* professorship
Prüfender *m.* examiner
Pult *n.* desk

quer transverse, broadways, diagonal
Quertafel *f.* shorter table at right angles to longer ones

Ränke *m.* (*pl.*) plot, cabal, intrigue
rastlos unresting, assiduous
Rat *m.* Councillor; Geheim- Privy Councillor; Hof- Court Councillor
rauben *w.* rob
Räuber *m.* robber
rauchen *w.* smoke
Rauchen *n.* smoking
Raufen *n.* scuffle, tussle
Raum *m.* room, space
rauschend rustling, noisy
rechnen *w.* reckon
Recht: — **behalten** be right in the end, be right after all; mit — rightly; man hat mit — behauptet it has been rightly said
rechtschaffen upright, righteous, honest
Redakteur *m.* editor
Rede *f.* speech
reden *w.* talk
Reden *n.* talking
redselig talkative
rege active, alert awake; frequent
Regimentsarzt *m.* army doctor
reichlich abundant, sufficient

Reichtum *m.* wealth, riches

reif ripe, mature

Reihe *f.* row, series

Reihenfolge *f.* succession, sequence

rein clean, pure, undiluted; genuine

reisen *w.* travel

reizend charming

Religion *f.* religion, divinity

Residenz, Residenzstadt *f.* residence

restlos absolutely, completely

revolutionär revolutionary

richtig right, correct

Rockzipfel *m.* hem of a coat

Rolle *f.* part; eine — spielen play a part; eine große — spielen be an important person

romantisch romantic

römisch Roman

rotblond auburn

rücken *w.* come, move, proceed

Rückkehr *f.* return

Rücksicht *f.* consideration; — nehmen take into consideration, make allowance, study

rücksichtslos ruthless

Rüge *f.* reprimand, censure

Ruhe halten lie down to rest, sleep

ruhig quiet, peaceful

Ruhm *m.* fame

russisch Russian

rüstig vigorous, fit

Saal *m.* hall

Saaltal *n.* valley of the river Saale

Sache *f.* thing; affair, matter, business

Sage *f.* legend, saga

sammeln *w.* (*refl.*) concentrate

Sammet *m.* velvet; schwarze -aufschläge faced with black velvet; roter -sarg coffin covered with red velvet

sanft soft, gentle, peaceful

Schaden *m.* damage, injury; — erleiden suffer injury

schädlich injurious

schämen *w.* (*refl.*) be ashamed

scharf sharp, biting

Schatten *m.* shadow

Scheideweg *m.* parting of the ways (see Note, p. 56)

Scherz *m.* jest

Schicksal *n.* fate, destiny

schildern *w.* describe

Schilderung *f.* description

Schlaf *m.* sleep

Schläfe *f.* temple, forehead

schlafen *s.* sleep

Schlaflosigkeit *f.* sleeplessness, insomnia, want of sleep

Schlafsaal *m.* dormitory

schlagen *s.* beat

schlecht bad

schlicht simple

schließen *s.* close

schließlich finally

Schliff *m.* polish, refined manners

Schloß *n.* castle, palace

Schlußprüfung *f.* final examination

schmerzhaft painful

schmerzlich painful, sorrowful, in distress

schmerzlos painless, free of pain

schmuck smart

schmuggeln *w.* smuggle

Schnalle *f.* buckle

schnupfen w. take snuff
Schnur, (pl.) Schnüre f. cord
Schöpfungsdrang m. creative impulse
schöngelegen beautifully situated
Schottenkönigin f. Queen of Scots
Schreiben n. document, writing
Schreibtisch m. writing table, desk
schreiten s. stride, walk
Schriften f.(pl.) writings; schriftliche Arbeiten writings
schüchtern shy, timid
Schüchternheit f. shyness
schuldig guilty
Schulmeister m. schoolmaster
Schürze f. apron, pinafore
Schüttelfrost m. shivering fit
schützen w. protect, defend, shield
Schwaben n. Suabia
schwäbisch Suabian
Schwäche f. weakness; -anfall m. sudden faintness
schwächlich weakly, delicate
Schwager m. brother-in-law
Schwägerin f. sister-in-law
schwänzen w. play truant
Schwede m. Swede
Schweden n. Sweden
schweigend in silence
Schweiz f. Switzerland
Schweizer m. Swiss
schwer heavy; difficult, with difficulty; -krank dangerously ill
Schwert n. sword
Schwung m. loftiness
sehnen w. (refl.) long
Sehnsucht f. longing
Seinen: die — his family

seinerseits on his part
selten (adj.) rare; (adv.) seldom
Sendung f. mission
seufzen w. sigh
Sieg m. victory; — des Geistes über den Körper victory of mind over matter
Sitzung f. meeting
Sommerwohnung f. summer residence
sonnig-ernst sunny yet serious
Sorge f. care, responsibility, anxiety; sorgen dafür be careful, take care
sorgenfrei free from anxiety
sorgfältig careful
spannend gripping, absorbing
sparen w. save
sparsam saving, economical, thrifty
spenden w. give
spielen w. play, act; nach- act over again; Theater — act, have private theatricals
Spinett n. spinet (old fashioned piano)
spinnen s. spin
Spottvers m. rhymed epigram
Sprache f. language
Staat m. state
Staatsminister m. minister of state
Stand m. standing, rank, position
Ständchen n. serenade
standesgemäß according to one's social standing or position
ständig constant
stark (adv.) exceedingly
steif stiff

ſterben s. die

Stirn f. forehead, brow

Stock m. storey, floor

Stoff m. material, subject

ſtolz proud

Streben n. aspiration, ideals

ſtrömen w. stream, flow copiously; **herbei-** come in crowds

Stube f. room

Stück: ein **Goetheſches** — a play by Goethe

Studium n., **Studien** (pl.) study, studies

Stulpenſtiefel m. (pl.) top boots

ſtumm dumb, silent

Stunde f. hour; lesson

Sturm und Drang storm and stress

ſtürmiſch stormy, noisy

Suchender one who seeks; **Geſuchter** one who is sought

Suppe f. soup

ſympathiſch sympathetic, congenial

Tabaksqualm m. tobacco smoke

Tagebuch n. diary

taktvoll tactful

Talar m. cassock

Taler m. dollar (worth three shillings)

Tapete f. wallpaper

Tapetentür f. door papered over to match the walls

Taſchentuch n. pocket-handkerchief

Tätigkeit f. activity

tatkräftig energetic

tatſächlich (adv.) actually, in reality

Taufe f. christening

teilen w. share

temperamentvoll temperamental

teuer dear, precious

Theaterintendant m. theatre manager, director

Theaterregiſſeur m. stage manager

Theaterſtück n. play

Theologie f. theology, divinity

tiefgerührt deeply touched

Tierwelt f. animal kingdom, fauna

Tiſch m. table; **nach** — after a meal

Tiſchgebet n. grace

Titel m. title

Todesfall m. death

tollen w. romp

Totenbett n. deathbed

trauen w. marry (church ceremony)

trauern w. grieve, mourn

Trauerſpiel n. tragedy

Trennung f. separation

treuſorgend devoted

trivial trivial, commonplace

tun: es iſt mir nicht darum zu — it is not my wish

Tür f. door

Typhus m. typhoid fever, brain fever

Tyrann m. tyrant

Tyrannei f. tyranny

überfüllt full to overflowing

übergroß too great

überholen w. supersede

überirdiſch unearthly

überlaſſen s. entrust; surrender, relinquish

übernehmen s. take over, undertake

überreden w. persuade

überschreiten s. cross

übersehen s. overlook

übersiedeln w. take up one's abode

übertreiben s. exaggerate

überwachen w. watch over, control

überwältigen w. overcome

Uhr f. watch, clock; o'clock

Ulme f. elm

umarbeiten w. remodel, revise

umarmen w. embrace

Umgangsformen f. (pl.) society manners

umgeben s. surround

Umgebung f. surroundings, neighbourhood, people one is with

umherstreifen w. wander about

umsonst in vain

umziehen s. change one's abode, move in

umziehen (refl.) change one's clothes

Umzug m. move

unbehelligt with impunity

unbekannt unknown

unbemerkt unnoticed

unberührt untouched

unendlich infinite

unfreundlich unkind

ungeheuer enormous

ungehorsam disobedient

ungelenk stiff, awkward

ungeschickt awkward, clumsy

ungestört undisturbed

ungezeichnet unsigned

ungezügelt unbridled

Universität f. university

unordentlich untidy

unpraktisch unpractical

unrichtig wrong, incorrect

unsterblich immortal

Unsumme f. vast sum of money

unten down below; on the ground floor

unterbrechen s. interrupt

Untergang m. downfall, destruction, death

Unterhalt m. maintenance

unterhalten s. (refl.) talk, converse

Unterhaltung f. conversation

Unteroffizier m. non-commissioned officer

Unterricht m. instruction, lessons

unterstehen s. (refl.) dare

Untertan m. subject

unvollendet unfinished, incomplete

unveräußerlich inalienable

unverhofft unexpected

unverrückbar immovable, constant

Unwissenheit f. ignorance

Uraufführung first night, first performance

Urlaub m. leave of absence

verabscheuen w. abhor, execrate

verächtlich contemptuous

verändern w. (refl.) change

verbinden s. unite

verbreiten w. spread

verbringen s. spend

verdanken w. owe

verdienen w. earn, deserve

verehren w. admire, reverence

Verehrer m. admirer

vereinigen w. unite

verfolgen w. pursue, persecute

Vergangenheit f. past

vergehen s. pass, pass away

Vergehen n. transgression

vergöttern w. adore, worship, idolise

Vergünstigung f. privilege

Verhältnis n. relation, relations

verhandeln w. negotiate

verhaßt hated

verheiratet married

Verkehr m. association, dealings, traffic; geselliger — social intercourse

verkehren w. associate, mix

verklagen w. prosecute

Verleger m. publisher

verleihen s. give, grant

vermissen w. miss

vernachlässigen w. neglect

veröffentlichen w. publish

Veröffentlichung f. publication

Verpflichtung f. obligation

verschieden different, various

Verschiedenheit f. diversity

verschiedentlich repeatedly, on more than one occasion

verschlossen closed, locked up; reserved

verschwenden w. waste, squander

Verschwörung f. conspiracy

versetzen w. transfer, remove

verspotten w. ridicule, make fun of

versprechen s. promise

verständig reasonable, sensible

verständnisvoll full of loving understanding

verstecken w. hide

vertauschen w. exchange

verteilen w. distribute

vertiefen w. (refl.) become absorbed

Verwalter m. steward, agent

Verwandter m., **Verwandte** f. relative

verwitwet widowed

Verzeichnis n. list

vielfach frequently, in many cases

vielseitig many-sided, versatile, all round

Vieren: auf allen — on all fours

vierjährige Arbeit four years of work

Volk people, nation

vollendet completed, finished; complete, perfect

vollgepackt packed full, crowded

völlig complete

von...her from the time of

vor: nach wie — as before

voran: allen — foremost, above all, especially

Voraussage f. prophecy, prediction

vorbeiziehen s. pass by

Vorbild n. model, original

Vorbote m. precursor, herald

Vorderfenster n. front window

Vorgesetzter m. superior

vorlesen s. read aloud

Vorlesung f. university lecture or class

vorsehen s. provide for, decide on

Vorspiel n. prologue

vorspielen w. play to someone

Vorstellung f. performance

Vorstudien n. (pl.) preliminary studies

Vorteil m. advantage

Vortrag *m.* recitation, lecture

vortragen *s.* recite, lecture

vorüberziehen *s.* pass by

Vulkanausbruch *m.* volcanic eruption

Wache *f.* guard, guardroom; die — befehligen be in command of the guard

wagen *w.* dare

Wagen *m.* wagon, cart, carriage

wählen *w.* choose

wahrhaft truly

Wandschrank *m.* wall cupboard

waschen *s.*: einem den Kopf — reprimand sharply

Weg *m.*: kurzer — short distance

weh tun *s.* hurt

weilen *w.* stay, reside

Wein *m.* wine

Weinberghaus *n.* house in a vineyard

Weinbergsmauer *f.* outer wall of the vineyard

weißgestrichen painted white

weiterleben *w.* live on

weitgeöffnet wide open

weltberühmt world famous

Weltbürger *m.* citizen of the world, cosmopolitan

Weltdame *f.* society woman

Weltklugheit *f.* worldly wisdom

wenn einmal if ever

Werdegang *m.* growth, development

wertvoll valuable

Wesen *n.* individuality, nature, being

Weste *f.* waistcoat

widerwillig unwilling, reluctant

wiederkehren *w.* return, recur

winzig tiny

wirken *w.* work, be active *or* effective

Wirklichkeit *f.* reality

Wirtin *f.* landlady

Wirtschaft *f.* restaurant

Wirtschaften *n.* housekeeping

Wirtshaus *n.* inn

Wissen *n.* knowledge

Witwe *f.* widow

witzig witty

wohlwollend kindly, benevolent

Wohnhaus *n.* dwelling house

Wohnung *f.* dwelling, flat

Wolken: in den — schweben be up in the clouds

worauf whereupon

wozu to which, with which

würdig worthy, dignified

Wurst *f.* sausage

wütend furious

zart delicate

zartbesaitet highly strung

Zauber *m.* charm

zeichnen *w.* draw, sign

Zeiten: zu bestimmten — at certain times

Zeitgenosse *m.* contemporary

Zeitpunkt *m.* time, moment

Zeitschrift *f.* magazine, journal

Zeittafel *f.* chronological table

Zeitung *f.* newspaper

Zeitungsbeitrag *m.* newspaper contribution

zeitweise at times

zerstören *w.* destroy, annihilate

ziehen in take up one's abode, settle

Zimmermann m. joiner, cabinet maker

Zipfel m. corner, lappet, hem

zitieren w. quote

Zivilkleidung f. civilian dress

Zivilperson f. civilian

Zögling m. pupil

Zopf m. pigtail

zucken w. twitch, shudder convulsively; es zuckte uber fein Gesicht a convulsive shudder passed over his face

Zuflucht f. refuge

zugänglich approachable, accessible

zugänglicher less reserved

Züge m. (*pl.*) features; bestimmte — clearly-cut features, well-marked features

zugegen present

zügellos unbridled, profligate

zuhause at home

Zuhörer m. listener; (*pl.*) audience, listeners

zujubeln w. welcome joyfully

zuknöpfen w. button up

zunächst for the present, for the moment

zunehmen s. increase

zurückgeben s. return, give back

zurückziehen s. (*refl.*) draw back; retire, withdraw

zurzeit at the time

zusammenhängend consecutive

Zusammenstoß m. clash, conflict

zuschließen s. lock

Zustand m. condition

Zutritt m. admission

zuwider abhorrent

Zwang m. compulsion, restraint, want of freedom

zweifeln w. doubt

zweijährig two years old

zwingen s. force, compel

Printed in the United States
By Bookmasters